Konfliktbearbeitung im Vertrieb

Europäische Hochschulschriften

European University Studies

Publications Universitaires Européennes

Reihe V	**Volks- und Betriebswirtschaft**
Series V	Economics and Management
Série V	Sciences économiques, gestion d'entreprise

Band/Volume **3426**

Johannes Göstl

Konfliktbearbeitung im Vertrieb

Funktionszyklus der Konfliktbefassung für eine nachhaltige Entwicklung im Vertrieb

PL ACADEMIC RESEARCH

Bibliografische Information der Deutschen Nationalbibliothek
Die Deutsche Nationalbibliothek verzeichnet diese Publikation in der Deutschen Nationalbibliografie; detaillierte bibliografische Daten sind im Internet über http://dnb.d-nb.de abrufbar.

Die Drucklegung dieser Arbeit wurde empfohlen
von Prof. Dr. Dr. Dr. Christa Zuberbühler, MEd MBA MPA MSc, emca academy
technik+wirtschaft (www.emca-ac.at).

Gedruckt auf alterungsbeständigem,
säurefreiem Papier.

ISSN 0531-7339
ISBN 978-3-631-62930-7

www.peterlang.de

Vorwort

Meine langjährige Berufserfahrung im Vertrieb und im Projektmanagement hat mir gezeigt, dass Spannungsfelder und Konflikte in vielfältiger Form präsent sind. Die aktive Auseinandersetzung mit diesen Problemfeldern fördert sowohl die Erreichung von ökonomischen Zielsetzungen als auch soziale Interaktionen.

Die Marktanforderungen unterliegen keiner konstanten Größe, sondern Veränderungen und Entwicklungen, welche sich immer schneller vollziehen und sich stetig im Wandel befinden. Auch Veränderungen und Anpassungen von Ablauf- und Aufbauorganisationen in Unternehmen und Organisationen finden in gesteigertem Tempo statt. Durch diese kontinuierlichen und rasanten Modifikationen entstehen zunehmend Spannungsfelder und Konflikte mit ihnen immanenten Gefahren und Möglichkeiten.

Die Konfliktbearbeitung beschäftigt sich nicht ausschließlich mit der Intervention im Falle von Konflikteskalationen. Die Konfliktbefassung im Funktionszyklus zeigt auf, welche persönlichen und sozialen Kompetenzen in der Auseinandersetzung mit Konflikten dienlich sind, und in welcher Weise die Bewusstseinsbildung für Situationen und Entwicklungen konsensorientierte Lösungen ermöglicht.

Diese Publikation basiert auf einer Masterarbeit, die im Rahmen des Studiums der Mediation und Konfliktbearbeitung an der „emca academy technik und wirtschaft“ verfasst wurde. Mein besonderer Dank gilt meiner Betreuerin, Frau Prof. Dr. Dr. Dr. Christa Zuberbühler, MBA MPA MSc MED, welche durch ihre geschätzte Unterstützung und ihr Expertinnenwissen maßgeblich zur Entwicklung der Inhalte beigetragen hat.

Johannes Göstl — Wien, Dezember 2012

Inhalt

1 Einleitung

In der Ökonomie sind Konflikte und deren Folgen allgegenwärtig und nicht vermeidbar. Dies gilt für den Vertrieb bzw. die Vertriebsorganisationen in der internen Zusammenarbeit und deren Kooperation mit Geschäftspartnerinnen/Geschäftspartnern und Kundinnen/Kunden. Der Konflikt ist in den europäischen Kulturen negativ behaftet. Konflikt bedeutet Risiko und Gefahr aber auch die Chance, Bestehendes zu ändern und zu entwickeln. Ein Konflikt ist nicht nur nachteilig und bietet die Gelegenheit, Probleme zu erkennen und aktiv zu bearbeiten.

Es stellt sich die Frage nach den verschiedenen Möglichkeiten, Konflikte zu bearbeiten. Eine Möglichkeit basiert auf der Gesetzgebung unter juristischer Anleitung, mittels Gerichtsverfahren oder Schiedsgericht. Abseits dieser beiden rechtlichen Varianten haben alle weiteren Möglichkeiten gemein, dass die Konfliktbeteiligten eigenständig und aktiv an einer Lösung arbeiten und die Entscheidungsfindung nicht an eine Institution delegiert wird. Dies reicht von einem klärenden Gespräch der Beteiligten bis hin zu einem Mediationsverfahren.

Ein klärendes Gespräch bedingt, dass die Beteiligten Zeit finden und diese für eine aktive Konfliktaufarbeitung aufwenden wollen. Diese Anforderung steht im Widerspruch zu den Gegebenheiten des heutigen Wirtschaftslebens. Prozesse und Entscheidungsfindungen werden fortwährend beschleunigt. Zeit ist kostbar und Kommunikation bedarf Zeit. Das Wirtschaftsleben unserer heutigen Zeit ist einem ständigen Wandel unterzogen. Die Anforderungen des Marktes werden komplexer, und die zur Verfügung stehende Zeitspanne für die Anpassung der Handlungsweisen von Unternehmen an die Markterfordernisse wird kürzer. Die firmeninternen Know-how-Kapazitäten werden für die fachliche Ausrichtung im Unternehmen eingesetzt und an diesem Fachwissen werden die Mitarbeiterinnen/Mitarbeiter gemessen.

Der Mensch als Arbeitskraft, Kundin/Kunde oder Kooperationspartnerin/Kooperationspartner wird nach Schemata bezüglich Sach- und Zielorientierung definiert. Die Einbringung der persönlichen Identität der Akteure in die Arbeitsprozesse bekommt weniger Spielraum. Der Produktionsfaktor Mensch muss entsprechend der Prozess- und Zielvorgaben funktionieren. Das menschliche Potenzial an Wissen und Kreativität des Einzelnen ist das wertvollste Gut unserer Gesellschaft und wird nur begrenzt genutzt. Die Anreizsysteme unserer heutigen Wirtschafts- und Gesellschaftsordnung fördern Wissen und Kreativität im Umgang mit rein monetären Thematiken.

Auf einer Metaebene betrachtet sind Spannungsfelder vorprogrammiert, da latent existente gesellschaftspolitische Konflikte negiert und verdrängt werden. Die Eskalation führt uns den Mangel von wirtschaftsethischen Grundsätzen in den ökonomischen Handlungsweisen vor Augen und involviert eine breite Gesellschaftsschicht in die Folgen. Ein wirtschaftsethischer Grundsatz ist das Streben nach eigenem Gewinn in Koexistenz mit dem Gewinn des Kooperationspartners. Gewinn auf der einen Seite muss nicht Verlust auf der anderen Seite bedeuten.

Diese Win-win-Situation bedingt das Streben nach Kooperation anstatt der Akzeptanz von Konfrontation. Langfristige und sich nachhaltig entwickelnde Geschäftsbeziehungen bzw. Kooperationen dürfen nicht auf latenten Konfrontationen basieren, was im Interesse jedes Unternehmens und jeder Organisation ist. Eine Möglichkeit der Entwicklung besteht dann, wenn Konflikte bedacht, wahrgenommen und einer produktiven Betrachtung und Bearbeitung unterzogen werden.

1.1 Problemstellung

Das Wirtschaftsleben fordert von allen Beteiligten, Entscheidungen zu treffen. Diese müssen zum Wohle des Unternehmens und damit zu Erfolgsmaximierung führen. Die strukturierte Bearbeitung von Konflikten, mit dem Ziel einer folgenden nachhaltigen Kooperation, bedarf Zeit von allen beteiligten Personen bzw. Organisationen.

Faktor Zeit:

Hier besteht die Problematik, dass die konstruktive Konfliktbearbeitung bzw.-aufarbeitung nicht den nötigen Stellenwert erhält, sodass dafür keine Zeit vorgesehen ist. Obwohl das Entstehen von Konflikten eine Gegebenheit ist, existiert keine Berücksichtigung für deren Bearbeitung in der Arbeitszeitplanung oder der personalen Kapazitätsplanung in Unternehmen.

Faktor Kompetenz:

Unternehmen bedienen sich externer Unterstützung für die Bearbeitung von Problemstellungen, wie z.B. der Unternehmensberatung für Belange von Organisation und Abläufen im Unternehmen, der Marketingberatung für Belange des Marktes, Steuerberatungen für Belange der Abgabenoptimierung, der Vertriebsberatung für Belange der Vertriebsorganisation, usw. Im Wirtschaftsleben ist es eine gängige Praxis, für die Entwicklung von „hard facts“ (harte Unternehmensfaktoren: Kosten, Kapitalumschlag, Durchlaufzeiten, etc. zwecks ökonomischer Objektivierung durch Kennziffern) externe Unterstützung bzw. Beratung hinzuzuziehen. Gründe dafür sind fehlende firmeneigene Fachkompetenzen, der erwünschte externe neutrale Blick auf firmeninterne Entwicklungen und finanzielle Faktoren. Für die Entwicklung der weichen Faktoren „soft facts" (weiche Faktoren: Images, Stimmungen, aber auch Wissen und daraus resultierendes Verhalten sowie Handlungsweisen) von Mitarbeiterinnen und Mitarbeitern ist das Bewusstsein nicht im gleichen Maß fortgeschritten. Personenbezogene spezifische Entwicklungsprogramme bedienen sich systematisierten Methoden wie z.B. dem Mentoring oder dem Coaching.

Eine systematisierte Bearbeitung von Handlungsweisen in gruppendynamischen Prozessen – zu welchen ein Konflikt zugerechnet wird – ist nicht etabliert bzw. im Unternehmensgebaren verankert. Die Existenz solcher Problematiken wird negiert und verdrängt. Eine diesbezüglich vorhandene Fachkompetenz bei Management und Führungsstab wird vorausgesetzt und externe professionelle Unterstützung als nicht erforderlich betrachtet. Der Erlangung von Kompetenzen bezüglich der Bearbeitung von Konflikten wird nicht der nötige Stellenwert zugeordnet und somit kein Fachwissen aufgebaut.

1.2 Ziel und Zweck der Arbeit

Eskalierte Konflikte werden im Geschäftsleben, mit steigender Anzahl, einer juristischen Entscheidung zugeführt. Das Ziel dieser Arbeit ist, die Möglichkeiten einer Konfliktprävention, Konfliktbearbeitung und Konfliktlösung aufzuzeigen, ohne den juristischen Weg beschreiten zu müssen.

Es soll aufgezeigt werden, welche Arten von Konflikten im Vertrieb und in Vertriebsorganisationen entstehen, und wie diese die produktive Vertriebstätigkeit beeinflussen. Folgend wird erläutert, in welcher Form Spannungsfelder erkannt und Konflikte einer systematischen Bearbeitung unterzogen werden können. Als Ergebnis einer systematischen Konfliktbearbeitung werden Auswirkungen auf die Geschäftstätigkeit dargelegt und die Bedeutung von nachhaltiger Entwicklung im Vertrieb definiert.

Konflikte werden als gruppendynamische Prozesse betrachtet und sollten von den Beteiligten eigenständig, innerhalb der Vertriebsorganisation oder mittels externer Unterstützung, einer Lösung zugeführt werden.

1.3 Hypothese

Aufgrund der Problemstellung wurde folgende Hypothese formuliert:

Bewusstseinsbildung für Spannungsfelder und proaktive Bearbeitung von Konflikten nach mediativen Grundsätzen führt zu nachhaltiger Entwicklung im Vertrieb.

Diese Hypothese wird durch Literaturrecherche und durch empirische Sozialforschung untermauert.

1.4 Aufbau der Arbeit

In Kapitel eins, der Einleitung folgend, wird die Problemstellung, das Ziel und der Zweck der Arbeit definiert und die zentrale Hypothese formuliert.

Die theoretischen Grundlagen des Kapitels zwei definieren Begrifflichkeiten, welche für das Verständnis der Konfliktthematik erforderlich und deren Anwendung in der Vertriebstätigkeit und der Vertriebsorganisation festgelegt sind. Der letzte Teil in diesem Kapitel beinhaltet die Darstellung des Funktionszyklus für die Konfliktbearbeitung und Konfliktaufarbeitung.

Abgeleitet vom Funktionszyklus werden dessen fünf Funktionen in den Kapiteln drei bis sieben dargestellt: die intra- und interpersonale Kompetenz, die Bewusstseinsbildung der Spannungsfelder, die Intervention im Konfliktverlauf, die Prävention, die lernende Organisation werden erläutert.

Der empirische Teil, in Kapitel acht, untersucht den Umgang mit innerbetrieblichen und außerbetrieblichen Konfliktsituationen im Vertrieb und den hieraus folgenden Handlungsweisen in Bezug auf Konflikteskalation und Konfliktlösung.

Die Schlussfolgerungen, in Kapitel neun, basieren auf der Literaturrecherche und den Ergebnissen der empirischen Sozialforschung.

2 Begrifflichkeiten

Das folgende Kapitel erläutert Begrifflichkeiten und deren Verwendung in Bezug auf Konfliktbearbeitung im Vertrieb. Die Begrifflichkeiten verdeutlichen die Hypothese und dienen der Klärung für deren Verwendung in den nachfolgenden Kapiteln.

2.1 Bewusstsein

Die Voraussetzung für die Konfliktbetrachtung, -bearbeitung und -aufarbeitung ist das Bewusstsein über situationsbedingtes Agieren bzw. Reagieren der beteiligten Personen.

> *„Wir müssen damit beginnen, dass der Begriff **Bewusstsein** zweideutig ist. Wir gebrauchen diesen Begriff für einen allgemeinen Geisteszustand oder für spezielle Inhalte des Geistes […].“*[1]
>
> *„Normales Wachbewusstsein umfasst unsere Wahrnehmungen, Gedanken, Gefühle, Vorstellungen und Wünsche zu einem gegebenen Zeitpunkt – all die mentalen Aktivitäten, auf die wir unsere Aufmerksamkeit richten. Uns ist bewusst, was wir tun, und auch, dass wir eben dieses tun. Zeitweise ist uns bewusst, dass andere Menschen das beobachten und werten, was wir tun, und darauf reagieren. Eine Idee vom Selbst (im Originaltext kursiv) erwächst aufgrund der Erfahrung der Selbstbeobachtung aus dieser privilegierten „Insider“-Position heraus. Alles in allem bilden diese unterschiedlichen mentalen Vorgänge die Inhalte des Bewusstseins – all die Erfahrungen, deren wir uns zu einer bestimmten Zeit bewusst sind (Natsoulas, 1998).“*[2]

Auf psychologischer Grundlage wird in der Soziologie Bewusstsein wie folgt definiert:

> *„**Bewusstsein**, a) psycholog. die Gesamtheit der Zustände und Vorgänge des menschl. »Erlebens« der äußeren Umwelt und des Selbst.“*[3]

Die Psychologie versteht Bewusstsein als Zustand und als Gesamtheit der geistigen Inhalte, welche durch Aufmerksamkeit in der Situation bewusst sind. Die Soziologie bezieht in der Betrachtung des Bewusstseins die Umwelt und deren Geschehnisse mit ein.

In Bezugnahme auf die Hypothese ist das Bewusstsein die Gesamtheit von Zuständen und Vorgängen, welche erlebt bzw. wahrgenommen werden. Das

---

1 Gerrig, R.J./Zimbardo, P.G.: Psychologie, 18., aktualisierte Auflage; München: 2008, S. 162

2 Ebd., S. 162

3 Hillmann, K.-H.: Wörterbuch der Soziologie, 5., vollständig überarbeitete und erweiterte Auflage; Stuttgart: 2007, S. 98

Bewusstsein beinhaltet Gedanken, Wünsche, Vorstellungen und Gefühle gegenüber Personen, gegenüber der eigenen Person und im Verständnis von Situationen.

Das Bewusstsein für Handlungen und daraus resultierender Situationen in Spannungsfeldern und Konfliktverläufen ist gegeben oder muss entwickelt werden.

2.2 Bewusstseinsbildung

Klarheit im Bewusstsein zu erlangen bedingt, den Fokus auf die eigenen Gedanken und Denkmuster zu legen. Die Frage „Was denkt sich in mir?" ist die Grundlage für die Betrachtung von Situationen und Personen mit deren Gedanken, Wünschen, Vorstellungen und Gefühlen. In der systemischen Sprache wird Bildung so definiert:

> *„Systembildung setzt einerseits Offenheit des Systems, andererseits eine operative Geschlossenheit der basalen Prozesse innerhalb des Systems voraus."*[4]

Gleich der Systembildung, setzt Bewusstseinsbildung mentale Offenheit voraus.

> *„**Bịl|dung**, die; -, -en [mhd. bildunge, ahd. bildunga = Schöpfung; Bildnis, Gestalt]: **1.** <o. Pl.> **a)** das Bilden (5); Erziehung: die B. der Jugend; mehr für die B. tun; **b)** das Gebildetsein; das Ausgebildetsein; erworbenes Allgemeinwissen: (im Originaltext kursiv) eine wissenschaftliche, künstlerische, humanistische B.; seine B. vervollständigen, vertiefen; eine umfassende B. besitzen; eine vorzügliche B. erhalten; ein Mann von B. (ein gebildeter Mann);(im Originaltext kursiv) das gehört zur allgemeinen B. (das sollte jeder Gebildete wissen); (im Originaltext kursiv)"*[5]

Bewusstseinsbildung bedingt die Offenheit des Geistes und ist Bildung bzw. Entwicklung des Bewusstseins, bezüglich Denkmuster von Personen und für Prozessabläufe.

Die Bewusstseinsbildung über Spannungsfelder und Konfliktentwicklungen ist die Grundlage für eine bewusste Intervention, bevor eine Konflikteskalation entsteht.

---

4 Willke, H.: Einführung in das systemische Wissensmanagement, 3., überarbeitete und erweiterte Auflage; Heidelberg: 2011, S. 17

5 Duden: Deutsches Universalwörterbuch, 7. Auflage; Mannheim: 2011, CD-ROM

2.3 Spannungsfelder

Jedes Unternehmen unterliegt aus unternehmensexternen Einflüssen resultierenden Spannungen.[6] Im Vertrieb ist der Erfolg bzw. Misserfolg an diese Einflüsse direkt gekoppelt. Unternehmensinterne Spannungen haben direkte Auswirkungen auf die Vertriebsorganisation.

> *„**Span|nungs|feld**, das: Bereich mit unterschiedlichen, gegensätzlichen Kräften, die aufeinander einwirken, sich gegenseitig beeinflussen u. auf diese Weise einen Zustand hervorrufen, der wie mit Spannung (2) geladen zu sein scheint (im Originaltext kursiv).“*[7]

Aus Sicht der Organisationspsychologie werden Spannungsfelder wie folgt gesehen:

> *„In vielen Organisationen liegen Spannungsfelder darin begründet, dass die Aspekte der Aufbauorganisation, die der Organisation eine gewisse Stabilität geben und daher statisch wirken, mit den dynamischen Belangen der Ablauforganisation in einem Spannungsverhältnis oder gar im Widerspruch stehen.“*[8]

In Bezugnahme auf die Hypothese sind Spannungsfelder unterschiedliche, gegensätzliche und aufeinander wirkende Handlungsweisen, Ansichten und Standpunkte, welche sich innerhalb der Vertriebsorganisation (Aufbauorganisation) und in deren Zusammenwirken mit der Vertriebstätigkeit im Markt (Ablauforganisation) beeinflussen.

Die Spannungsfelder in der Vertriebsorganisation und im Vertrieb sind in Abbildung eins dargestellt.

---

6 Vgl. Stopp, U.: Praktische Betriebspsychologie, Probleme und Lösungen, 14. Auflage; Renningen: 2008, S. 193

7 Duden: Deutsches Universalwörterbuch, 7. Auflage; Mannheim: 2011, CD-ROM

8 Kauffeld, S.: Arbeits-, Organisations- und Personalpsychologie; Heidelberg: 2011, S. 37

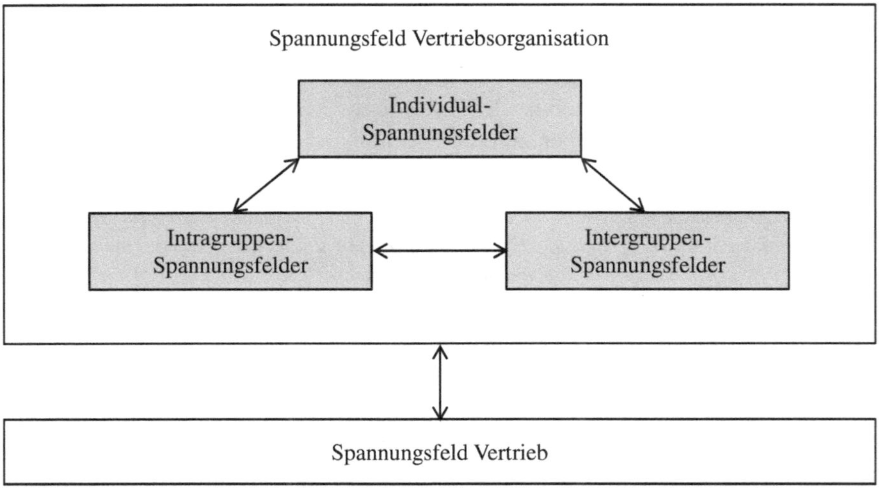

Abbildung 1: Betriebliche Spannungsfelder

In Abbildung eins ist ersichtlich, dass Spannungsfelder innerhalb der Vertriebsorganisation persönlichkeitsspezifisch (Individual), innerhalb von Funktionseinheiten (Intragruppen) oder zwischen Funktionseinheiten (Intergruppen) entstehen.

Individual-Spannungsfelder basieren auf unterschiedlichen Rollenbildern innerhalb einer Person und daraus resultierenden unterschiedlichen Motivationen. Als Beispiele dienen Betriebsrätinnen/Betriebsräte als Interessenvertretung der Belegschaft einerseits und als Mitglieder der Aufsichtsräte andererseits sowie Vertriebsleiterinnen/Vertriebsleiter als Führungspersonen für den Vertriebsstab einerseits und als Verantwortungsträgerinnen/Verantwortungsträger für die Umsatz- bzw. Absatzentwicklung andererseits.

Innerhalb von Funktionseinheiten entstehen Spannungsfelder zwischen einzelnen Mitarbeiterinnen/Mitarbeitern bzw. zwischen diesen und Vorgesetzten. Das Streben mehrerer Personen nach übergeordneten Positionen sowie Rivalitäten innerhalb der Organisationseinheiten bedingen weitere Spannungsfelder.

Zwischen den Funktionseinheiten existieren, abhängig von den Prozessabläufen, Spannungsfelder. Die Wahrung der je eigenen Zielerfüllung steht dabei im Vordergrund. Beispiele: Stabsabteilungen mit Linienabteilungen, Produktionseinheit mit Vertrieb, Controlling mit Vertrieb, usw.

Das Spannungsfeld Vertrieb basiert auf den Beziehungen zwischen der Vertriebsorganisation und deren Umwelt, dem Markt. Dies umfasst die direkten Beziehungen zu der Endkundin/dem Endkunde und die Beziehungen zu unternehmensexternen Vertriebsunterstützerinnen/Vertriebsunterstützer wie: Händlerinnen/Händler, Handelsvertreterinnen/Handelsvertreter, Partnerinnen/Partner in Arbeitsgemeinschaften etc.

Diese Spannungsfelder müssen erkannt und vorausschauend, proaktiv bearbeitet werden; ihre Entwicklung muss im Fokus bleiben. Der Entstehung und Eskalation von Konflikten wird hierdurch vorgebeugt.

2.4 Proaktive Bearbeitung

Die Bearbeitung umfasst Aktivitäten in der Befassung mit Spannungsfeldern und Konfliktverläufen.

> *„**Be|ar|bei|tung**, die; -, -en: **1.** das Bearbeiten; das Bearbeitetwerden. (im Originaltext kursiv) **2.** überarbeitete, neue Fassung: (im Originaltext kursiv) eine B. eines alten Theaterstücks; Lenz' »Hofmeister« in der B. von Brecht."*[9]

Die Bearbeitung von und die Arbeit mit Konflikten beginnt nicht im Status der erfolgten Eskalation bzw. im Disput der Standpunkte. Sie beinhaltet die Bewusstseinsbildung für Spannungsfelder und Konfliktverläufe. Unter Betrachtung perspektivischer Entwicklungen wird vorausschauend in eine Situation eingegriffen.

> *„**pro**- pro-Präfix ,vor' (z.B. Prognose, progressiv), ,zu jemandes Gunsten' (z.B. pro-iranisch), ,an Stelle von' (z.B. Pronomen) und ,in Verhältnis zu' (z.B. Proportion) erw.erweiterter Standardwortschatz bildg.bildungssprachlich (-) Beschreibung von Affixen. Wurde in lateinischen und in griechischen Entlehnungen ins Deutsche übernommen; der Ursprung ist l. prO ,vor, für, zugunsten' Präp. Adv., bzw. entsprechendes gr. pró. Das Element ist häufig durchschaubar, aber nur in dem Typ pro-iranisch auch produktiv."*[10]
>
> *„**pro|ak|tiv** <Adj.>: durch differenzierte Vorausplanung u. zielgerichtetes Handeln die Entwicklung eines Geschehens selbst bestimmend u. eine Situation herbeiführend: (im Originaltext kursiv) p. handeln; eine p. agierende Managerin."*[11]

Die proaktive Bearbeitung ist die durch Handlungen begleitende Befassung mit Spannungsfeldern, Konfliktverläufen und Konfliktsituationen, wobei durch selbstbestimmtes und zielgerichtetes Agieren Einfluss auf die Entwicklung genommen und folgend eine lösungsorientierte Situation geschaffen wird.

Mit steigender Konflikteskalation verringert sich der Spielraum für eine produktive Konfliktlösung. Wenn Kommunikation in sozialen Gefügen erfolgt,

---

9 Duden: Deutsches Universalwörterbuch, 7. Auflage; Mannheim: 2011, CD-ROM

10 Kluge, F.: Etymologisches Wörterbuch der deutschen Sprache, bearbeitet von Elmar Seebold, 24., durchgelesene und erweiterte Auflage; Berlin/New York: 2002, CD-ROM

11 Duden: Deutsches Universalwörterbuch, 7. Auflage; Mannheim: 2011, CD-ROM

sind Konflikte verdeckt wahrnehmbar oder vorhersehbar vorhanden. Daraus wird geschlossen, dass die Bearbeitung von Konflikten einen begleitenden Prozess im Geschäftsleben darstellt und den Bereich von der Prävention bis zur Konfliktlösung beinhaltet. Gleich den Abläufen, welche dem Unternehmensgegenstand dienen, orientiert sich die Konfliktbearbeitung an Methoden bzw. gelangen diese zur Anwendung.

2.5 Konflikt

Der Berater und Trainer Glasl wählt für den sozialen Konflikt folgende Definition:

> *„«**Sozialer Konflikt ist eine Interaktion***
> *- zwischen Aktoren (Individuen, Gruppen, Organisationen usw.),*
> *- wobei wenigstens ein Aktor*
> *- eine Differenz bzw. Unvereinbarkeiten im Wahrnehmen und im Denken bzw. Vorstellen und im Fühlen u nd im Wollen*
> *- mit dem anderen Aktor (den anderen Aktoren) in der Art erlebt,*
> *- dass beim Verwirklichen dessen, was der Aktor denkt, fühlt oder will eine Beeinträchtigung*
> *- durch einen anderen Aktor (die anderen Aktoren) erfolge.» (im Originaltext kursiv)“*[12]
>
> *„Konflikte sind Ausgang und Ende, negativ gefasst, von drohender oder statthabender Zerstörung wie auch, positiv gefasst, Motiv und Chance für Veränderungen, respektive Entwicklungen, die sowohl im persönlichen als auch im sozialen Leben gewünschte Verbesserungen mit sich bringen können.“*[13]

Die Auslegung nach Glasl definiert den Konfliktrahmen und die Voraussetzungen für einen Konflikt. Die Definition nach Falk, Heintel und Krainz umfasst Deutungen eines Konfliktes und die Entwicklungen aus der Konfliktsituation heraus.

Für Konflikte im wirtschaftlichen Umfeld sind beide Definitionen gleichberechtigt und ergänzen einander. Für das ökonomische Umfeld bezieht sich die Organisation auf Unternehmen, in dem die Akteurinnen/Akteure mit eigenen und mit von außen einwirkenden *Handlungsweisen*, *Handlungstendenzen* und *Zielvorstellungen* konfrontiert sind. Diese drei Begriffe ergänzen die beiden Definitionen in Bezug auf die Vertriebstätigkeit und auf die Abläufe in der Vertriebsorganisation.

---

12 Glasl, F.: Konfliktmanagement, Ein Handbuch für Führungskräfte, Beraterinnen und Berater, 8., aktualisierte und ergänzte Auflage; Stuttgart: 2004, S. 17

13 Hanschitz, R.-C.: Konflikte und Konfliktbegriffe. In: Falk, G./Heintel, P./Krainz, E.E. (Hg.): Handbuch Mediation und Konfliktmanagement; Wiesbaden: 2005, S. 69

Die Befassung mit Konflikten ist ein systematischer Prozess, welcher Abläufe im wirtschaftlichen Umfeld begleitet und sich einer Methodik bedient.

2.6 Methode

Gleich den Prozessabläufen in der Vertriebsorganisation und den Handlungsweisen in der Vertriebstätigkeit, bedient sich die Betrachtung von Spannungsfeldern bzw. die Intervention in Konfliktverläufe Methoden.

> „***Methode*** *MethodeSfSubstantiv Femininum std.Standardwortschatz (17. Jh.)Entlehnung. Entlehnt aus spl. methodus, methodos, dieses aus gr. méthodos (eigentlich ‚der Weg auf ein Ziel hin'), zu gr. hodós ‚Weg' und gr. metá-. Adjektiv: methodisch; Abstraktum: Methodik.*“[14]
>
> „***Me|tho|de*** *, die; -, -n [spätlat. methodus < griech. méthodos = Weg od. Gang einer Untersuchung, eigtl. = Weg zu etw. hin]:*
> *1. auf einem Regelsystem aufbauendes Verfahren zur Erlangung von [wissenschaftlichen] Erkenntnissen od. praktischen Ergebnissen: (im Originaltext kursiv) eine technische M.; komplizierte -n; eine M. anwenden; nach einer M. arbeiten.*
> *2. Art u. Weise eines Vorgehens: (im Originaltext kursiv) raue -n; eine sichere M.; ihre -n gefallen mir nicht; M. (Planmäßigkeit, sinnvolle Ordnung) (im Originaltext kursiv) in etw. bringen; (oft iron.:) nach bewährter M.;*
> *✰ M. haben (auf einem genauen Plan beruhen; durchdacht sein: sein Vorgehen hat M.)“15*

Die Definition gemäß Duden versteht, neben der wissenschaftlichen Betrachtung, die Methode als geplante Art und Weise des Vorgehens. Die Soziologie bezieht den Begriff auf den wissenschaftlichen Komplex und grenzt die Definition ein:

> „***Methode*** *(von griech. methodos = Weg einer Untersuchung), systematisches Vorgehen bzw. Verfahren bei der Entwicklung wissenschaftl. Probleme, Fragen, Aussagen (-> Hypothese) sowie deren empir. Überprüfung durch Realitätsanalyse.*“[16]

Der Begriff Methode wird als auf einem Plan beruhender, zielgerichteter Weg verstanden, anhand dessen praktische Ergebnisse erzielt werden.

---

14 Kluge, F.: Etymologisches Wörterbuch der deutschen Sprache, bearbeitet von Elmar Seebold, 24., durchgelesene und erweiterte Auflage; Berlin/New York: 2002, CD-ROM

15 Duden: Deutsches Universalwörterbuch, 7. Auflage; Mannheim: 2011, CD-ROM

16 Hillmann, K.-H.: Wörterbuch der Soziologie, 5., vollständig überarbeitete und erweiterte Auflage; Stuttgart: 2007, S. 563

2.7 Konfliktbearbeitungsmethode

Das Harvard-Konzept, erstmals Anfang der 1980er Jahre publiziert, ist als lösungsorientierte Konfliktbearbeitungsmethode anzusehen. Die Problematik eines Konfliktes wird im „Feilschen um Positionen" gesehen, was eine Lösungsorientierung erschwert:

> *„Egal, ob es bei Verhandlungen um Verträge, Familienstreitigkeiten oder um Friedensgespräche zwischen Nationen geht, routinemäßig verfallen die Menschen in ein Feilschen um Positionen. Jede Seite nimmt einen bestimmten Standpunkt ein, kämpft dafür und macht dann Zugeständnisse, damit ein Kompromiss zustande kommt."*[17]

Die Harvard-Methode basiert auf vier Grundsätzen, welche eine konstruktive Konfliktbearbeitung und eine lösungsorientierte Konsensfindung fördern:

- Menschen und Probleme getrennt voneinander behandeln
- Auf Interessen konzentrieren, nicht auf Positionen
- Entwicklung von Entscheidungsgrundlagen (Optionen) zum beiderseitigen Vorteil
- Bestehen auf der Anwendung neutraler Beurteilungskriterien[18]

Die Gewaltfreie Kommunikation (GFK) nach Marshall B. Rosenberg, klinischer Psychologe, wurde im Jahr 1963 entwickelt und kontinuierlich verfeinert.

> *„Die GFK ermöglicht Menschen, einen kreativen Dialog zu beginnen, um ihre eigenen, sie völlig zufriedenstellenden Lösungen zu finden."*[19]

In geschäftlichen Beziehungen von Unternehmen bzw. in der Geschäftstätigkeit im Vertrieb ist tätliche Gewaltanwendung nicht präsent. In Bezug auf das Arbeitsthema ist die GFK, mit dem Ziel der verbal gewaltfreien Kommunikation (Wegfall von Drohungen und Sanktionen), anzuwenden. Die Anwendung der verbalen GFK bildet Verständnis für:

- Jede menschliche Tätigkeit ist ein Versuch, Bedürfnisse zu erfüllen.
- Bedürfnisse durch Kooperation anstatt durch Konkurrenz zu erfüllen, ist förderlicher für alle Beteiligten.
- Es liegt in der menschlichen Natur, im Rahmen von Freiwilligkeit, zum Wohlergehen anderer beizutragen.[20]

---

17 Fisher, R./Ury, W./Patton, B.: Das Harvard-Konzept, Der Klassiker der Verhandlungstechnik, 22. durchgesehene Auflage; Frankfurt/New York: 2004, S. 25

18 Vgl. ebd., S. 43 f

19 Rosenberg, M.B.: Gewaltfreie Kommunikation, Eine Sprache des Lebens, 7. Auflage; Paderborn: 2007, S. 219

20 Vgl. ebd., S. 1

Das Harvard-Konzept und die Gewaltfreie Kommunikation nach Marshall B. Rosenberg sind seit den 1960er bzw. den 1980er Jahren bewährte Methoden, Konfliktbearbeitung produktiv, mit dem Fokus auf Kommunikation und Verhandlung, zu betreiben.

Kommunikation und Verhandlung sind in der Vertriebstätigkeit Faktoren für Erfolg und Misserfolg, und somit sind diese beiden Methoden relevant für die Hypothese. Die Konfliktbearbeitungsmethode wird durch die mediativen Grundsätze ergänzt (vgl. Abschnitt 2.9), welche für die Konfliktbeteiligten und für unterstützende Dritte im Konflikt relevant sind.

2.8 Mediation

Die Mediation kommt im sozialen, interkulturellen und wirtschaftlichen Umfeld zur Anwendung. Das Verfahren hat den Ursprung in den USA und wurde in den 1960er und 1970er-Jahren entwickelt.[21]

> *„Wörtlich übersetzt bedeutet ‚mediation' ‚Vermittlung'. Gemeint ist die Vermittlung in Streitfällen durch unparteiische Dritte, die von allen Seiten akzeptiert werden."*[22]
>
> *„- Mediation (im Originaltext kursiv) ist die Einschaltung eines (meist) neutralen und unparteiischen Dritten (im Originaltext kursiv) im Konflikt, der die Parteien bei ihren Verhandlungs- und Lösungsversuchen unterstützt, jedoch über keine eigene (Konflikt-)Entscheidungskompetenz (im Originaltext kursiv) verfügt."*[23]

Der Politologe und Mediator Besemer definiert die Mediatorin/den Mediator ohne jegliche Einschränkung als unparteiisch. Der Wissenschaftler Breitenbach schränkt die Beschreibung der Tätigkeiten der Mediatorin/des Mediators als „meist" neutral und unparteiisch ein. Dies ist aus der Sicht der Medianten (Konfliktbeteiligte im Mediationsprozess) nicht zielführend, da die uneingeschränkte neutrale und unparteiische Akzeptanz des unterstützenden Dritten gewährleistet sein muss. Die Wirtschaftsmediatorin Walser beschreibt Mediation wie folgt:

> *„Mediation ist ein strukturiertes, informelles Verfahren zur konstruktiven, zukunftsorientierten Lösung eines Konfliktes zwischen zwei oder mehreren Konfliktparteien, bei dem mit Hilfe eines allparteilichen Vermittlers (Mediator) ein Konsens angestrebt wird."*[24]

---

21 Vgl. Besemer, C.: Mediation, Vermittlung in Konflikten, 9. Auflage; Baden: 2002, S. 14

22 Ebd., S. 14

23 Breidenbach, S.: Mediation, Struktur, Chancen und Risiken von Vermittlung im Konflikt; Köln: 1995, S. 4

24 Walser, M.: Wirtschaftsmediation, Ein Handbuch für Manager, Führungskräfte und Berater; Wien: 2007, S. 96

In der Definition nach Walser ist die Konsensfindung als Zielorientierung des Verfahrens enthalten, was in der Konfliktbearbeitung im wirtschaftlichen Umfeld dem Verständnis für Wirtschaftsmediation dient.

2.9 Mediative Grundsätze

Zunächst wird der Begriff Grundsatz erläutert, bevor die spezifischen Grundsätze der Mediation dargelegt werden.

> *„Grundlsatz, der: **a)** feste Regel, die jmd. zur Richtschnur seines Handelns macht: (im Originaltext kursiv) strenge, moralische Grundsätze; seine Grundsätze aufgeben; an seinen Grundsätzen festhalten; das geht gegen seine Grundsätze; sie ist eine Frau mit/von Grundsätzen; **b)** allgemeingültiges Prinzip, das einer Sache zugrunde liegt, nach dem sie ausgerichtet ist, das sie kennzeichnet; Grundprinzip: (im Originaltext kursiv) demokratische, rechtsstaatliche Grundsätze."*[25]
>
> *„Die WirtschaftsMediation unterscheidet sich von anderen Konfliktregelungsmöglichkeiten durch ihre tragenden Verfahrensgrundsätze."*[26]

Die Verfahrensgrundsätze umfassen die Aspekte der Freiwilligkeit, Neutralität, Allparteilichkeit, Vertraulichkeit, Offenheit/Transparenz, Chancengleichheit, Eigenverantwortlichkeit und Ethik.[27]

Abgeleitet von den Verfahrensgrundsätzen der Mediation ergeben sich für das Konfliktbearbeitungsverfahren folgende acht Grundsätze (Konfliktmittlerin/Konfliktmittler vgl. Abschnitt 2.14):[28]

- Freiwilligkeit der Konfliktbeteiligten
- Allparteilichkeit der Konfliktmittlerin/des Konfliktmittlers
- Neutralität des der Konfliktmittlerin/des Konfliktmittlers
- Vertraulichkeit im Verfahren
- Offenheit, Transparenz und Chancengleichheit für die Konfliktbeteiligten
- Eigenverantwortlichkeit der Konfliktbeteiligten
- Festlegung eines Zeitrahmens für das Verfahren
- Ethik im Verfahrensablauf

25 Duden: Deutsches Universalwörterbuch, 7. Auflage; Mannheim: 2011, CD-ROM

26 Zuberbühler, C.: Gesellschaftliche Voraussetzungen der WirtschaftsMediation aus historischer Perspektive unter Berücksichtigung des Geschlechterverhältnisses von Mann und Frau; Linz: 2008, S. 24

27 Vgl. ebd., S. 24 f

28 Vgl. Zuberbühler, C.: Wirtschaftsmediation, Durch Konsens zum Erfolg; Zürich: 2006, Hörbuch CD1

Die Berücksichtigung dieser mediativen Grundsätze findet in den Konfliktbearbeitungsverfahren (Gerichtsverfahren, Schiedsgericht, Schlichtung, Mediation) gänzliche, teilweise oder keine Berücksichtigung. Ausführungen zu den mediativen Grundsätzen, im Vergleich der unterschiedlichen Verfahren, werden in Kapitel fünf erläutert. Unabhängig zum Status der Konfliktentwicklung muss die Konfliktbetrachtung und Konfliktaufarbeitung auf diesen Grundsätzen basieren.

Die Beachtung der Grundsätze der Mediation unterstützen die Konsensfindung und die nachhaltige Entwicklung in der Konfliktbearbeitung.

2.10 Nachhaltigkeit

Der Begriff Nachhaltigkeit betont die enge Beziehung zwischen ökologischer, ökonomischer und sozialer Entwicklung. In diesem Diskurs haben sich die Bezeichnungen „Säulen" oder „Dimensionen" etabliert. Das Konzept der drei Säulen entwickelte sich aus der Debatte zwischen Umwelt und Wirtschaftswachstum sowie aus der Diskussion über eine angemessene menschliche Entwicklung.

Das „3-Säulen-Modell" hat sich seit Mitte der 1990er Jahren etabliert und bietet die Ausgangslage für Nachhaltigkeitsstrategien oder -konzepte.[29] Die drei Säulen sind: Ökonomie, Ökologie und Soziales. In Anlehnung an das 3-Säulen-Modell wurde das „5-Dimensionen-Modell" entwickelt. Zu den drei Säulen wurden die Dimensionen Kulturelles und Politik hinzugefügt.[30]

Im Kontext des Arbeitstitels (Konfliktbearbeitung im Vertrieb) wird Nachhaltigkeit in den Dimensionen Ökonomie und Soziales betrachtet.

> *„**Nach|hal|tig|keit**, die; -: **1.** längere Zeit anhaltende Wirkung. (im Originaltext kursiv) **2. a)** (Forstwirtsch.) forstwirtschaftliches Prinzip, nach dem nicht mehr Holz gefällt werden darf, als jeweils nachwachsen kann; (im Originaltext kursiv) **b)** (Ökol.) Prinzip, nach dem nicht mehr verbraucht werden darf, als jeweils nachwachsen, sich regenerieren, künftig wieder bereitgestellt werden kann: (im Originaltext kursiv) neue Technologien sollen die N. der Energieversorgung gewährleisten."*[31]

---

29 Vgl. Hauff, M.v./Kleine, A.: Nachhaltige Entwicklung, Grundlagen und Umsetzung; München: 2009, S. 17

30 Vgl. Zuberbühler, C.: emca academy technik+wirtschaft, Grundlagen der Nachhaltigkeitswissenschaft, Präsentation; Leobersdorf: 2010

31 Duden: Deutsches Universalwörterbuch, 7. Auflage; Mannheim: 2011, CD-ROM

In der Etymologie wird nachhaltig abgeleitet von nachhalten, andauern, wirken, anhalten.[32]

> *„Begrifflich ist hier zu erwähnen, dass es beim „Konzept Nachhaltigkeit" weniger um eine exakte Definition von Nachhaltigkeit geht, „sondern um die Bestimmung dessen, was Bestand haben soll und um die Verknüpfung der zeitlichen und räumlichen Ebene, die eine Nachhaltigkeitspolitik einzubeziehen hat. Die Grundidee (im Originaltext kursiv) basiert also auf der einfachen Einsicht, dass ein System dann nachhaltig ist, wenn es selber überlebt und langfristig Bestand hat. Wie es konkret auszusehen hat, muss im Einzelfall geklärt werden." "*[33]

Die Definition der Nachhaltigkeit basiert auf einem forstwirtschaftlichen Prinzip welches die Ressourcen bewahrt. Die Sprachwissenschaft definiert eine andauernde und anhaltende Wirkung. Der Philosoph Carnau sieht die Nachhaltigkeit als Konzept für die Bestimmung dessen, was langfristig autark Bestand haben soll.

In der Ökonomie ist Nachhaltigkeit als ein Zustand zu verstehen, welcher einerseits die menschlichen Bedürfnisse (der Mitarbeiterinnen/Mitarbeiter) und andererseits die wirtschaftliche Leistungsfähigkeit von Unternehmen gewährleistet. Im Kontext des Arbeitstitels (Konfliktbearbeitung im Vertrieb) wird Nachhaltigkeit in den Dimensionen Ökonomie und Soziales betrachtet.

In der Dynamik des Wirtschaftslebens ist der Begriff Nachhaltigkeit in seiner Entwicklung zu betrachten.

2.11 Nachhaltige Entwicklung

Im Brundtland Bericht I (Brundtland Report: Unsere gemeinsame Zukunft, 1987) wurde von der Weltkommission für Umwelt und Entwicklung nachhaltige Entwicklung wie folgt definiert:

> *„Dauerhafte (nachhaltige) Entwicklung ist Entwicklung, die die Bedürfnisse der Gegenwart befriedigt, ohne zu riskieren, dass künftige Generationen ihre eigenen Bedürfnisse nicht befriedigen können."*[34]
>
> *„**Nachhaltige Entwicklung** (engl. sustainable development), Bezeichnung für eine dauerhafte, erhaltend wirkende soziokulturelle, insbes. wirtschaftl. Entwick-*

32 Vgl. Kluge, F.: Etymologisches Wörterbuch der deutschen Sprache, bearbeitet von Elmar Seebold, 24., durchgelesene und erweiterte Auflage; Berlin/New York: 2002, CD-ROM

33 http://www.nachhaltigkeit.info/media/1326279587phpeJPyvC.pdf, S. 4 (abgerufen am 11.06.2012)

34 http://www.nachhaltigkeit.info/artikel/brundtland_report_563.htm?sid=804aac87e77750032b51810d63034176 (abgerufen am 16.04.2012)

lung, die in Bewältigung der gegenwärtigen Umweltkrise eine langfristige Sicherung der Existenzgrundlagen für künftige Generationen ermöglicht.“[35]

Bezug nehmend auf die Hypothese ist nachhaltige Entwicklung als dauerhafte, erhaltend wirkende, soziale und wirtschaftliche Entwicklung zu sehen, welche mit der Konfliktbearbeitung nach mediativen Grundsätzen zukünftige Konfliktfähigkeit fördert.

Die Initiative von „Econsense“ (Gründung im Jahr 2000, zurzeit 33 führende, national und global agierende Unternehmen und Organisationen der deutschen Wirtschaft)[36] definiert die nachhaltige Entwicklung in Unternehmen und Organisationen als Verständigungs-, Such- und Lernprozess.[37] Dieser unterstützt in der Vertriebsorganisation und der Vertriebstätigkeit die Erreichung der Unternehmensziele.

2.12 Vertrieb

In marktwirtschaftlich orientierten Unternehmen und Organisationen müssen Zielsetzungen die Steigerung der Produktivität und der Kundenorientierung beinhalten.[38] Zur Erreichung dieser Zielsetzungen ist der Vertrieb/die Vertriebsorganisation, als produktive Schnittstelle zum Markt, in der Verantwortung.

*„**Ver|trieb**, der; -[e]s, -e <Pl. selten>: **1.** <o. Pl.> Vorbereitung u. Durchführung betrieblicher Arbeiten u. Maßnahmen, die darauf abzielen, dass die gefertigten Produkte (od. auch Dienstleistungen) auf den entsprechenden Markt gelangen, dort angeboten werden können: (im Originaltext kursiv) der V. dieser Fachzeitschriften kann noch verbessert werden; die Kosten für den V. berechnen. **2.** Kurzf. von Vertriebsabteilung: im V. arbeiten.“*[39]

Diese Definition umfasst im Vertrieb die Marktbearbeitung durch die Vertriebsorganisation und alle hierfür unterstützend wirkenden Funktionen im Unternehmen.

---

35 Hillmann, K.-H.: Wörterbuch der Soziologie, 5., vollständig überarbeitete und erweiterte Auflage; Stuttgart: 2007, S. 603

36 Vgl. http://www.econsense.de/de/mitglieder/ (abgerufen am 04.06.2012)

37 Vgl. http://www.nachhaltigkeit.info/artikel/forum_nachhaltige_entwicklung_627. htm (abgerufen am 04.06.2012)

38 Vgl. Homburg, C./Schäfer, H./Schneider, J.: Sales Excellence, Vertriebsmanagement mit System, 5., überarbeitete und erweiterte Auflage; Wiesbaden: 2008, S. 1

39 Duden: Deutsches Universalwörterbuch, 7. Auflage; Mannheim: 2011, CD-ROM

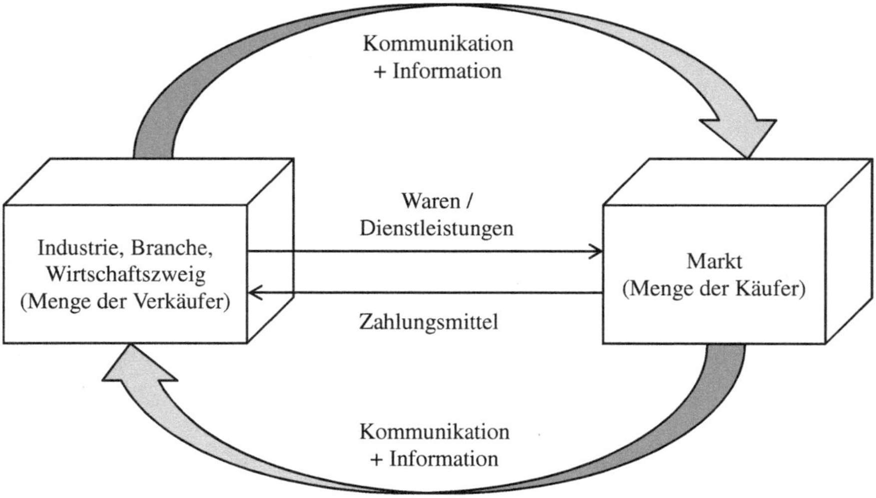

Abbildung 2: Beziehung Vertrieb und Markt

Quelle: Vgl. Kotler, P./Bliemel, F.: Marketing-Management, 7. vollständig neu bearbeitete und für den deutschen Sprachraum erweiterte Auflage unter Einbeziehung der Übersetzung zur 6.Auflage durch Manfred Brandl; Stuttgart: 1992, S. 13; eigene Darstellung; Wien: 2012

Der Vertrieb beinhaltet die Weitergabe von Informationen in schriftlicher Form (Informationsmaterial, Anbot, Auftrag etc.) und die Kommunikation der am Vertriebsprozess beteiligten Personen (vgl. Abbildung 2). Diese Auslegung umfasst keine unterstützenden Funktionen für den Vertrieb.

Die Definition der Marketer Kotler und Bliemel beschreibt die handelnden Personen und Funktionen im Vertrieb als jene, welche im direkten Kontakt mit dem Markt bzw. den Kundeinnen/Kunden stehen. Diese Definition wird im Rahmen dieser Arbeit für den Vertriebsbegriff übernommen.

Van Eckert, Berater, Coach und Trainer im Bereich Vertrieb, definiert den Vertriebsbereich anhand von Vertriebsprozessen und Vertriebskultur:

> *„Ziel der Vertriebsprozesse ist es, erkannte, definierte und fokussierte Ertragspotentiale zukunftsoffen zu erschließen und wertbasiert auszuschöpfen.“*[40]

In der Vertriebskultur stellt van Eckert die Kundensicht (customer's eyes) in den Mittelpunkt:

---

40 Eckert, H.v.: Grundwissen Vertrieb, Strategie/Aufbau und Organisation/Methoden und Praxis; Berlin: 2009, S. 69

„Ein Geschäft, bei dem nichts als Geld verdient wird, ist ein schlechtes Geschäft. Deshalb geht es nicht nur darum, Produkte zu verkaufen, deshalb geht es nicht nur darum, Lösungen zu verkaufen. Es geht darum: Wie stellen Sie Ihre Kunden zufrieden? Wie bringen Sie Ihren Kunden einen Nutzen? Wie sind Sie kundenorientiert? Wie sind Sie ‚customeyes'? Sehen Sie wirklich mit ‚customer`s eyes'?"[41]

Diese beiden Definitionen rücken Kundinnen/Kunden und deren Sichtweise in den Vordergrund und betonen als Aufgabe des Vertriebs, die Ertragspotenziale zukunftsoffen und wertbasiert zu erschließen.

Der Vertrieb beinhaltet den Austausch von Waren, Dienstleistungen und Zahlungsmittel und umfasst die hierfür erforderliche kundenorientierte Kommunikation sowie den Informationsaustausch. Die beteiligten Personen stehen im direkten Kontakt mit dem Markt – betreffend den Ausgleich von Angebot und Nachfrage in Bedacht auf Zukunftsorientierung und Wertschöpfung für das Unternehmen.

2.13 Kommunikation

Die Kommunikation fungiert als Informationsträger, erfolgt bewusst oder unbewusst (vgl. Abschnitt 4.2) und dient als Werkzeug in der Konfliktbearbeitung.

*„**Kom|mu|ni|ka|ti|on**, die; -, -en [lat. communicatio = Mitteilung, Unterredung]: Verständigung untereinander; zwischenmenschlicher Verkehr bes. mithilfe von Sprache, Zeichen: sprachliche, nonverbale K.; (im Originaltext kursiv) K. durch Sprache; die K. stören, verbessern."*[42]

In der Sprache des Neuro-Linguistischen Programmierens (NLP) wird exzellente Kommunikation wie folgt beschrieben:

„Wir erschaffen die Welt durch die Begegnungen, die wir haben, und durch die Qualität, die wir bei diesen Begegnungen zulassen. Für solche Begegnungssituationen ist es notwendig, unsere Wahrnehmung zu verändern, zu schärfen. In jeder zwischenmenschlichen Kommunikation müssen wir den anderen Menschen zuerst einmal wahrnehmen, wie er ist. Natürlich erfahren wir dann nur, was wir glauben, was oder wie er ist. Aber wir müssen zumindest damit beginnen. Wir müssen hinschauen, hinhören und hinfühlen."[43]

Gemäß dem Duden wird Kommunikation als zwischenmenschlicher Verkehr, mittels verbaler und nonverbaler Verständigung, verstanden. NLP betont die

---

41 Eckert, H.v.: Grundwissen Vertrieb, Strategie/Aufbau und Organisation/Methoden und Praxis; Berlin: 2009, S. 20

42 Duden: Deutsches Universalwörterbuch, 7. Auflage; Mannheim: 2011, CD-ROM

43 Braun, R.: NLP – Eine Einführung, 3., aktualisierte Auflage; Heidelberg: 2007, S. 91

Wahrnehmung der Kommunikationspartnerinnen/Kommunikationspartner als Teil der Kommunikation, bevor der Austausch von Nachrichten erfolgt.

In Bezugnahme zur nachhaltigen Entwicklung im Vertrieb ist Kommunikation die bewusste Wahrnehmung der Gesprächspartnerinnen/Gesprächspartner und die Interaktion zwischen diesen. Die Kommunikation erfolgt in einzelnen Schritten (Nachrichten), wobei in der Interaktion die Rollen Sender und Empfänger wechselseitig agieren (vgl. Abbildung 3).

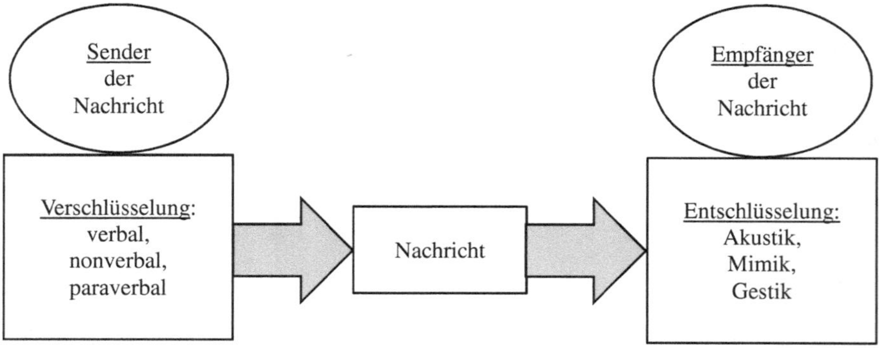

Abbildung 3: Kommunikation

Die Senderin/der Sender einer Nachricht verschlüsselt diese in Worte (verbal) und unterstützt mit Stimme (paraverbal) und Körpersprache (nonverbal). Zu verbaler, nonverbaler und paraverbaler Ausdrucksform vgl. Abschnitt 4.3. Die Empfängerin/der Empfänger einer Nachricht entschlüsselt die akustische, mimische und gestische Ausdrucksform der Senderin/des Senders und generiert hieraus eine Information.

Wenn die Kommunikation (Übermittlung einzelner Nachrichten) in der Konfliktsituation Störungen aufweist und Unterstützung hinzugezogen wird, wird der Kommunikationsprozess von Dritten – der Konfliktmittlerin/dem Konfliktmittler – unterstützt und angeleitet.

2.14 Konfliktmittlerin/Konfliktmittler

Die Definition dieses Begriffs basiert auf den Wörtern: Konflikt, Vermittlung, Mittler und Klärungshilfe. Diese werden folgend erläutert und führen zum Begriff Konfliktmittlerin/Konfliktmittler:

> *„**Vermittlung**, von der Philosophie Hegels in den Sprachschatz dialektisch-kritischer Soziologie übernommene Bezeichnung für die fruchtbare und zu neuen*

Erkenntnissen führende intellektuelle Verbindung gegensätzlicher oder »auseinandertretender« Begriffe, Anschauungen oder Auffassungen. Dies geschieht in einer Weise, dass die bestehenden Widersprüche aufgelöst, rationales Begreifen möglich gemacht und das Denken auf eine »höhere Stufe seiner Selbst« geführt werden kann.“[44]

*„**Mịtt\ler**, der; -s, - (geh.): helfender Vermittler, Mittelsmann [ohne geschäftliche Eigeninteressen]; jmd., der vermittelnd zwischen verschiedenen Personen, Parteien o. Ä. auftritt: (im Originaltext kursiv) sich als M. anbieten; Ü Sprachen sind die M. zu anderen Völkern und Kulturen.“*[45]

„Sowohl im privaten als auch im beruflichen Bereich tritt der «Klärungshelfer» (im Originaltext kursiv) in Aktion, wenn das «Miteinander» (im Originaltext kursiv) von Menschen gestört ist, die im täglichen Leben miteinander (im Originaltext kursiv) zu schaffen haben (und einander (im Originaltext kursiv) ebenso zu schaffen machen!). Was dabei die Störung ausmacht und wodurch sie bedingt ist, ist in jedem Fall sehr verschieden und bereits Teil der Klärungsarbeit. Fast immer spielen undurchschaute und unausgedrückte Gefühle und Werthaltungen eine Rolle, oft aber auch eine komplizierte oder verworrene sachstrukturelle Lage, besonders bei Arbeitsgruppen im beruflichen Bereich.“[46]

Die Konfliktmittlerin/der Konfliktmittler wirkt als Vermittlerin/Vermittler ohne Eigeninteressen, und führt zumindest zwei oder mehrere Personen zu einer mit neuen Erkenntnissen bereicherten intellektuellen Verbindung, in Bezug auf gegensätzliche Interessen, Anschauungen oder Auffassungen. Dies geschieht in einer Weise, dass bestehende Widersprüche aufgelöst, rationales Begreifen gefördert und Unausgedrücktes angesprochen wird. Die Konfliktvermittlung dient der Konsensfindung im Interesse aller Konfliktbeteiligten.

Für eine nachhaltige Entwicklung müssen die Erkenntnisse und Erfahrungen der Konfliktmittlerin/des Konfliktmittlers und der im Konfliktverlauf involvierten Personen in die Vertriebsorganisation eingebracht werden. Zur Gewährleistung dessen ist die Befassung mit den Themen Konfliktbetrachtung, -bearbeitung und -aufarbeitung im Rahmen eines Funktionszyklus erforderlich.

---

44 Hillmann, K.-H.: Wörterbuch der Soziologie, 5., vollständig überarbeitete und erweiterte Auflage; Stuttgart: 2007, S. 936

45 Duden: Deutsches Universalwörterbuch, 7. Auflage; Mannheim: 2011, CD-ROM

46 Thomann, C./Schulz von Thun, F.: Klärungshilfe 1, Handbuch für Therapeuten, Gesprächshelfer und Moderatoren in schwierigen Gesprächen, 5. Auflage; Reinbek bei Hamburg: 2009, S. 13

2.15 Funktionszyklus

Der Funktionszyklus in der Konfliktbearbeitung bedingt ein Kreismodell als geschlossenen Wirkungsablauf, mittels welchem eine nachhaltige Entwicklung gewährleistet wird.

> *„**Zy|k|lus** ‹ [auch: 'tsyklʊs], der; -, Zyklen [lat. cyclus < griech. ký́klos = Kreis(lauf), Ring, Rad; Auge]: **1.** kreisförmig in sich geschlossene Folge zusammengehöriger Vorgänge; Kreislauf regelmäßig wiederkehrender Dinge od. Ereignisse: (im Originaltext kursiv) der Z. der Jahreszeiten; einem Z. unterliegen."*[47]
>
> *„**Funk|ti|on** ‹, die; -, -en [lat. functio = Verrichtung; Geltung, zu: fungi, fungieren]: **1. a)** <o. Pl.> Tätigkeit; das Arbeiten (z. B. eines Organs); (im Originaltext kursiv) **b)** Amt od. Stellung, die jmd. in einem größeren Ganzen hat: (im Originaltext kursiv) eine leitende F. [in der Partei] innehaben; **c)** [klar umrissene] Tätigkeit, Aufgabe innerhalb eines größeren Zusammenhanges; Rolle: (im Originaltext kursiv) die -en des Gehirns; die F. der Kunst in der modernen Gesellschaft; das Gremium hat nur beratende F.; die Anlage ist außer, wieder in F. (arbeitet nicht, wieder); (im Originaltext kursiv) in solchen Fällen tritt der Krisenstab in F. (wird tätig); (im Originaltext kursiv)"*[48]

Der Funktionszyklus (vgl. Abbildung 4) versteht sich als eine geschlossene Abfolge zusammengehöriger und wiederkehrender Abläufe, wobei einzelne Funktionen als Teil eines größeren Zusammenhangs gesehen werden müssen.

---

47 Duden: Deutsches Universalwörterbuch, 7. Auflage: Mannheim: 2011, CD-ROM

48 Ebd.

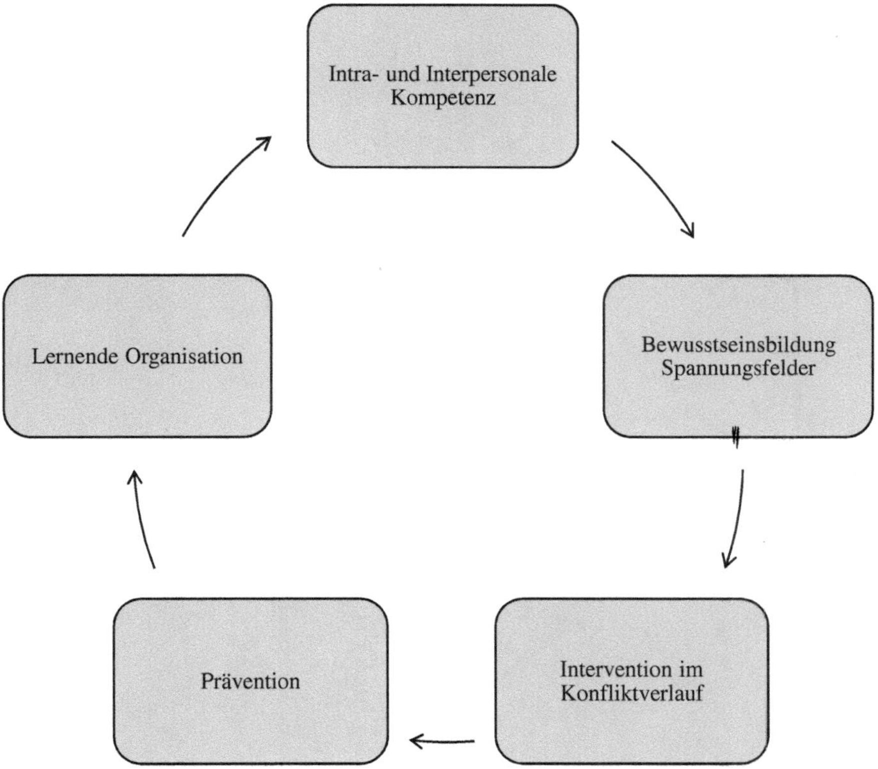

Abbildung 4: Funktionszyklus für Nachhaltige Entwicklung im Vertrieb

Der Funktionszyklus wird, für eine nachhaltige Entwicklung im Vertrieb, in fünf Funktionen unterteilt (vgl. Abbildung 4). Der Erwerb von intra- und interpersonaler Kompetenz ist die Grundlage der Bewusstseinsbildung bezüglich der Spannungsfelder in der Vertriebsorganisation (unternehmensintern) und der Vertriebstätigkeit (extern im Markt). Dem Erkennen von Spannungsfeldern folgt die Intervention als aktive Konfliktbearbeitung. Die Prävention befasst sich mit Maßnahmen, welche den produktiven Umgang mit den praktischen Aspekten der Konfliktbearbeitung im Unternehmen fördert. Das Wissensmanagement der Konfliktbearbeitung erfolgt durch die lernende Organisation, welche individuelles Wissen und Erfahrungen einzelner Mitarbeiterinnen/Mitarbeiter in die Organisation einbringt und eine kollektive Entwicklung fördert und bedingt.

Die fünf Funktionen des Funktionszyklus werden in den folgenden Kapiteln drei bis sieben thematisiert.

3 Intra- und Interpersonale Kompetenz

Im Funktionszyklus der nachhaltigen Entwicklung im Vertrieb ist die Grundlage die personale Kompetenz, in Bezug auf das Bewusstsein für die eigene Person, der Interaktion mit Personen im beruflichen Umfeld und im Einfühlungsvermögen (Empathie) für die Personen, mit welchen Kommunikation und Kooperation erfolgt.

3.1 Empathie

Die Empathie, definiert als

> *„Bereitschaft u. Fähigkeit, sich in die Einstellungen anderer Menschen einzufühlen“*[49],

ist als Kompetenz für die Vertriebsmitarbeiterin/den Vertriebsmitarbeiter in der Interaktion mit Kundinnen/Kunden und für das Vertriebsmanagement im Verständnis für Mitarbeiterinnen und Mitarbeiter relevant.

Empathie als Fähigkeit, Unausgesprochenes wahrzunehmen, bedingt die Kompetenz einer Selbstwahrnehmung der eigenen Gefühle und Emotionen. Störungen in der Wahrnehmung der eigenen Person vermindern das Vermögen, Gefühle und Emotionen der Gesprächspartnerinnen und Gesprächspartner zu deuten.

Der Empathie-Test PONS (Profile of Nonverbal Sensitivity) an 7000 Personen hat ergeben, dass die Fähigkeit, nonverbale Hinweise in der Kommunikation zu deuten, folgende vorteilhafte Entwicklungen mit sich bringt:

- Bessere emotionale Anpassung an die Umwelt
- Steigerung der Beliebtheit
- Tendenziell extrovertierte Wesenheit[50]

> *„Außerdem zeigten diese Tests, dass Frauen in Bezug auf Empathie Männern grundsätzlich überlegen sind. Des Weiteren wurde einmal mehr festgestellt, dass es keine Korrelation zwischen einem hohen Maß an Empathie, sprich Sozialkompetenz, und der akademischen Intelligenz gibt.“*[51]

Empathisches Handeln bedingt, wie bereits erwähnt, die Bereitschaft, sich in das Erleben anderer Menschen hinein zu fühlen. Das Vertriebsmanagement muss

49 Duden: Deutsches Universalwörterbuch, 7. Auflage; Mannheim: 2011, CD-ROM

50 Vgl. Walser, M.: Wirtschaftsmediation, Ein Handbuch für Manager, Führungskräfte und Berater; Wien: 2007, S. 25

51 Ebd., S. 25

sich in die Rolle der Vertriebsmitarbeiterin/des Vertriebsmitarbeiters und deren Agieren im Markt hineinversetzen und deren Sichtweisen, abseits einer Bewertung, nachvollziehen können. Das Miterleben von Emotionen wie Wut, Hass und Freude bedingen Empathie und sind die Basis für ein altruistisches Handeln eines Vertriebsmanagements mit Führungsverantwortung.[52]

3.2 Emotionale Intelligenz

Die emotionale Intelligenz ist eine Intelligenzform, welche mittels Intelligenzquotienten nicht messbar bzw. bewertbar ist. Der Intelligenzquotient (IQ) bestimmt das intellektuelle Leistungsvermögen und lässt Rückschlüsse auf die klassisch kognitiven Fähigkeiten (Lernen, Gedächtnis, Denken, Sprache und Intelligenz) zu.

> *„Wissenschaftler – so auch Gardner (im Originaltext kursiv) – sind der Auffassung, dass in unserer ständig sich verändernden Welt die klassisch-kognitive Intelligenz nicht mehr die entscheidende Rolle spielt.“[53] (Howard Earl Gardner ist Professor der Neurologie und Entwickler der „Theorie der multiplen Intelligenzen“.)*
>
> *„Heutzutage definieren Psychologen* ***Emotion*** *als ein komplexes Muster körperlicher und mentaler Veränderungen, darunter physiologische Erregung, Gefühle, kognitive Prozesse und Reaktionen im Verhalten als Antwort auf eine Situation, die als persönlich bedeutsam wahrgenommen wurde.“[54]*

Die Fähigkeit, Emotionen bei sich selber und dem Gegenüber zu erkennen und mit dem Verstand zu kontrollieren, wird als Emotionale Intelligenz (EI) bezeichnet.[55] Die EI befasst sich mit der eigenen Persönlichkeit, der persönlichen Kompetenz und der Interaktion mit der Umgebung, welche der sozialen Kompetenz entspricht (vgl. Abbildung 5).

52 Vgl. Montada, L./Kals, E.: Mediation, Ein Lehrbuch auf psychologischer Grundlage, 2. vollständig überarbeitete Auflage; Weinheim: 2007, S. 312

53 Au, C.v.: Führen mit Mediationskompetenz? Eine Analyse des erforderlichen und adäquaten Einsatzes von Mediationskompetenz im betrieblichen Führungsalltag; Hamburg: 2005, S. 30

54 Gerrig, R.J./Zimbardo, P.G.: Psychologie, 18., aktualisierte Auflage; München: 2008, S. 454

55 Vgl. Duden: Deutsches Universalwörterbuch, 7. Auflage; Mannheim: 2011, CD-ROM

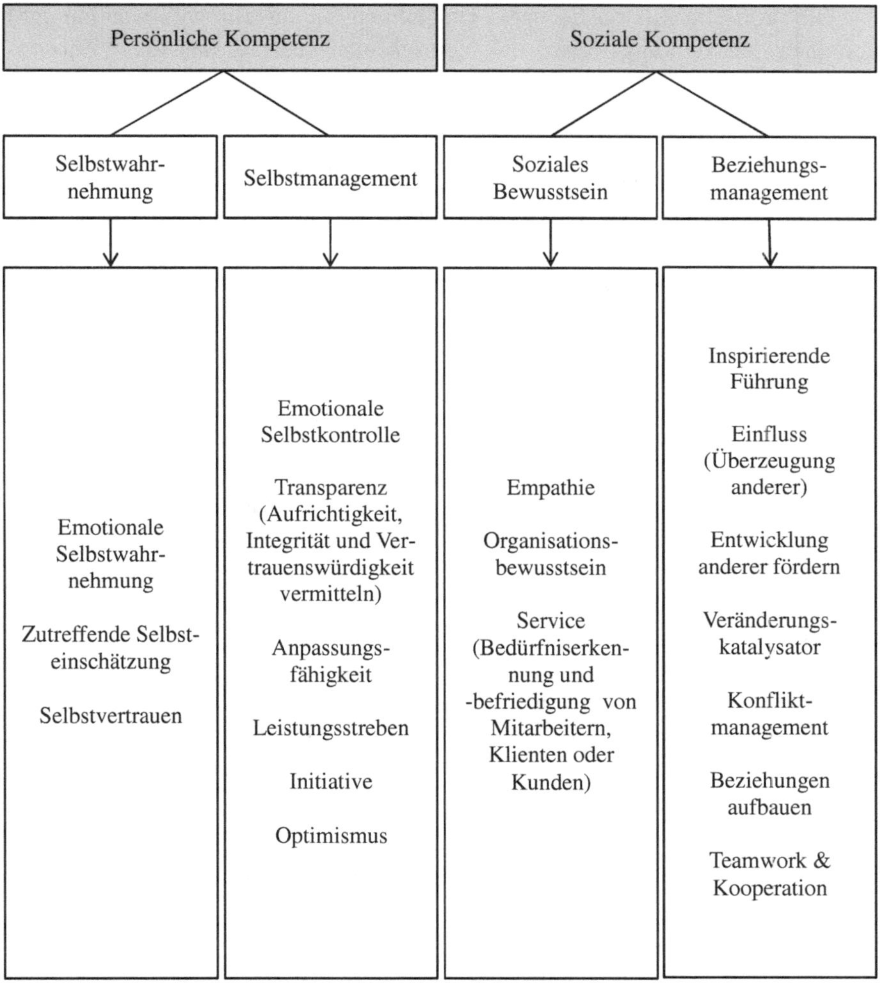

Abbildung 5; Die vier Domänen emotionaler Intelligenz und die 19 EI-Kompetenzen nach Goleman u. a.(2004)

Quelle: Vgl. Au, C.v.: Führen mit Mediationskompetenz? Eine Analyse des erforderlichen und adäquaten Einsatzes von Mediationskompetenz im betrieblichen Führungsalltag, Hamburg: 2005, S. 33; eigene Darstellung; Wien: 2012

Die neunzehn Komponenten der Emotionalen Intelligenz (vgl. Abbildung 5) verleihen den Wirkungsweisen des Vertriebsmanagements und den Vertriebsmitarbeiterinnen/ Vertriebsmitarbeitern eine gesteigerte Effektivität.

EI-Kompetenzen sind keine angeborenen Begabungen, sondern erlernbare und zu entwickelnde Fähigkeiten.[56] Sie tragen dazu bei, den Umgang von Führungskräften mit Mitarbeiterinnen/Mitarbeitern und den Umgang von Vertriebsmitarbeiterinnen/Vertriebsmitarbeitern mit den Kundinnen/Kunden effektiver zu gestalten.

Die persönlichen Kompetenzen wirken in gleicher Weise unterstützend für den Mitarbeiterstab im Vertrieb und den Führungsstab in der Vertriebsorganisation bezüglich der Einbringung der eigenen Persönlichkeit in die Unternehmenstätigkeit.

Die sozialen Kompetenzen müssen in Bezug auf die Funktionen des Vertriebsmanagements und in Bezug auf die Vertriebsmitarbeiterinnen/Vertriebsmitarbeiter unterschiedlich betrachtet werden. Das Vertriebsmanagement muss Empathie für die Mitarbeiterinnen/Mitarbeiter aufweisen, der Vertriebsstab für die Kundinnen/Kunden. Die Komponente „inspirierende Führung“ wird im Rollenbild der Vertriebsmitarbeiterin/des Vertriebsmitarbeiters innerhalb der Führung der Kommunikation mit Kundinnen/Kunden, für eine konsensuale Lösungsfindung verstanden.

Die emotionale Intelligenz und im Speziellen die Empathie sind im Erkennen von Spannungsfeldern, in der Konfliktbetrachtung und in der Konfliktaufarbeitung Voraussetzungen für lösungsorientiertes Handeln. Für die Wahrnehmung von Spannungsfeldern muss das Bewusstsein für diese existieren sowie das Wissen darum, in welcher Form und in welchem Ausdruck sie in Erscheinung treten.

---

56 Vgl. Au, C.v.: Führen mit Mediationskompetenz? Eine Analyse des erforderlichen und adäquaten Einsatzes von Mediationskompetenz im betrieblichen Führungsalltag; Hamburg: 2005, S. 33

4 Bewusstseinsbildung Spannungsfelder

Der Konfliktverlauf ist ein gruppendynamischer Prozess. Dieser basiert auf der Interaktion von zumindest zwei beteiligten Personen und ist geprägt durch Kommunikation. Es besteht somit ein Konnex zwischen dem Konfliktverlauf und der Kommunikation. Die Entwicklung eines Konfliktes ist abhängig von der Konfliktkonstellation und der handelnden Organisation, im Rahmen welcher Personen Handlungen setzen. Als Basis für eine konstruktive Konfliktbearbeitung muss ein Bewusstsein darüber bestehen, auf welchen Ebenen Kommunikation erfolgt und welche Ebenen der Ausdrucksweise existieren. Das Phasenmodell der Eskalation beschreibt neun Eskalationsstufen im Konfliktverlauf. Dies ist wesentlich für die Wahl des Konfliktbearbeitungsverfahrens und der situationsgerechten Interaktion mit den beteiligten Personen.

Die Existenz eines Konfliktes wird anhand der nachstehenden Merkmale analysiert.

4.1 Merkmale eines Konfliktes

Zur Feststellung, inwieweit ein Konflikt existiert, ist die Situation auf folgende Konfliktmerkmale hin zu überprüfen:[57]

Merkmal der Gleichzeitigkeit:

Es besteht eine Divergenz von Gedanken, Gefühlen, Verhaltensweisen oder Zielvorstellungen. Die Behandlung einer gemeinsamen Thematik bedingt die Erarbeitung einer gemeinsamen Realität ohne zeitliche Variabilität.

Merkmal der Gegensätzlichkeit:

Es besteht eine Unvereinbarkeit von Interessen oder Standpunkten, welche einerseits den handelnden Personen bewusst ist und andererseits eine kooperative Zielerfüllung verhindert.

> *„Ein bezeichnendes Merkmal ist, dass bloße Gegensätze noch keinen Konflikt ergeben. Bilden Gegensätze jedoch ein sich wechselseitig bedingendes Verhältnis und treten sie damit auch in eine gegenseitige Abhängigkeit, so ergibt das der Anlage*

57 Vgl. Zuberbühler, C.: MasterLehrgang mediation – conflictmanagement, Präsentation; Leobersdorf: 2008

nach und meist dann auch in der Folge Widersprüche, die für Konflikte die Ausgangslage darstellen.“[58]

Der Wissenschaftler Hanschitz vertritt die Meinung, dass unterschiedliche Auffassungen, Meinungen, Interessen, Standpunkte oder Zieldefinitionen nicht einen Konflikt bedingen. Dieser wird erst dann virulent, wenn im Aufeinandertreffen Unterschiede zu Gegensätzen mutieren.

Merkmal der Unvereinbarkeit:

Ein Ausgleich der Gegensätze zwecks gemeinsamer Zielerfüllung ist ausgeschlossen. Dialektisch betrachtet existieren Gegensätze, welche sich einerseits wechselseitig beeinflussen und andererseits in deren Umsetzung voneinander abhängen bzw. sich gegenseitig bedingen.

Merkmal der Zwangsläufigkeit:

Eine Austragung eines Konfliktes scheint, zeitlich absehbar, unumgänglich. Unterschiedliche Handlungsweisen oder unterschiedliche prozessbedingte Aktionen bedingen ein Aufeinandertreffen mit absehbarem zeitlichem Horizont.

4.2 Ebenen der Kommunikation: Eisberg-Modell

Der Psychologe und Begründer der Psychoanalyse, Sigmund Freud, beschäftigte sich mit den Themen Bewusstsein und Unbewusstes.

> *„Freuds Theorie vergleicht die menschliche Psyche mit einem Eisberg. Die Spitze des Eisbergs, die man sehen kann, stellt das Bewusstsein dar. Das Unbewusste ist die Hauptmasse des Eisbergs, die unter dem Wasserspiegel verborgen bleibt“*[59]

Nachdem der Konfliktverlauf von Kommunikation geprägt ist, wird diese Theorie auf die Kommunikation der Konfliktbeteiligten angewendet. Das Eisberg-Modell nach Sigmund Freud zeigt auf, in welchem geringen Ausmaß Kommunikation bewusst erfolgt bzw. bewusst wahrgenommen wird. 20 Prozent aller Kommunikationen erfolgen bewusst, 80 Prozent des Kommunikationspotenzials bleiben verdeckt, erfolgen unbewusst, sind für die Empfängerin/den Empfänger der Kommunikation nicht wahrnehmbar (vgl. Abbildung 6).

---

58 Hanschitz, R.-C.: Konflikte und Konfliktbegriffe. In: Falk, G./Heintel, P./Krainz, E.E. (Hg.): Handbuch Mediation und Konfliktmanagement; Wiesbaden: 2005, S. 69

59 Gerrig, R.J./Zimbardo, P.G.: Psychologie, 18., aktualisierte Auflage; München: 2008, S. 517

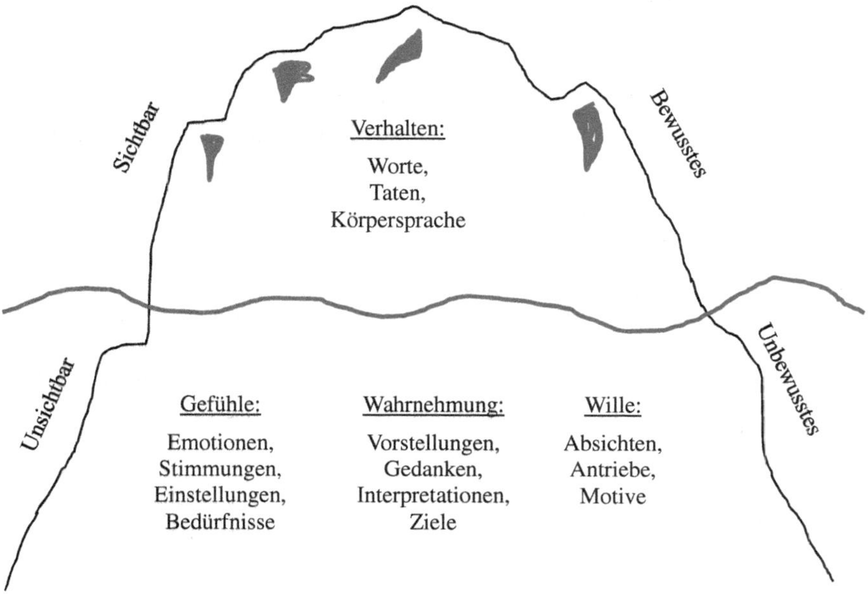

Abbildung 6: Eisbergmodell nach Sigmund Freud

Quelle: http://www.berufsstrategie.de/bewerbung-karriere-soft-skills/kommunikationsmodelle-eisberg-modell.php (abgerufen am 02.01.2011)

Da Kommunikation in der Interaktion von zumindest zwei Personen erfolgt, muss zwischen dem Gesagten bzw. Ausgedrückten bei der Senderin/beim Sender der Kommunikation, und dem Gehörten bzw. Empfangenen bei der Empfängerin/beim Empfänger unterschieden werden. Zum Beispiel kann eine Aussage inhaltlich anders verstanden werden, als beabsichtigt war. Ein Ausdruck in Mimik und Gestik wird von der Empfängerin/vom Empfänger nicht so wahrgenommen, wie von der Senderin/vom Sender intendiert. Die Kommunikation umfasst, gleich dem Bewusstsein, einen sichtbaren und bewussten sowie einen unsichtbaren und unbewussten Teil.

4.2.1 Der sichtbare bewusste Anteil der Kommunikation

Der sichtbare und bewusste Teil beinhaltet jene Anteile der Kommunikation, welche in Inhalt und Ausdrucksform bewusst gesendet bzw. bewusst wahrgenommen werden und mit dem Überbegriff Verhalten zusammengefasst werden.

Worte:

Der sachliche Inhalt einer Kommunikation beinhaltet die sachlichen Informationen, welche zwischen den Beteiligten ausgetauscht werden wie z.B. kaufmännische Daten, Daten von Produkt oder Dienstleistung, Rahmenbedingungen der Geschäftsabwicklung. Dies beinhaltet Daten, Fakten, Zahlen, das „WAS" in der Kommunikation.

Taten:

Dieser Teil beinhaltet alle Aktivitäten, welche von den Personen gesetzt werden, wie z.B. eine Terminvereinbarung, die Umsetzung des Vereinbarten, korrektive Handlungen beim Auftreten von Problemen, Setzung von Maßnahmen bei Beschwerden etc. Jede Handlung, die von einer beteiligten Person initiiert wird, löst bei den weiteren Beteiligten eine Reaktion aus.

Körpersprache:

Mimik und Gestik sind die Teile der Kommunikation, welche den sachlichen Inhalt untermauern, verstärken oder abschwächen. Äußerungen mittels Körpersprache erfolgen intuitiv, unbewusst oder bewusst beabsichtigt. Beim erstmaligen Aufeinandertreffen bzw. bei der Begegnung von Fremden startet jede Kommunikation mit Gestik und Mimik, auf Basis welcher das Gegenüber sich eine Meinung über die Gesprächspartnerin/den Gesprächspartner bildet. Der „Erste Eindruck" wird geprägt.

4.2.2 Der unsichtbare unbewusste Anteil der Kommunikation

Dieser Teil der Kommunikation beinhaltet die Beziehungsebene und ist das „WIE" der Kommunikation. Gefühle, Wahrnehmungen und der Wille sind Bestandteile jeder Kommunikation und werden oft verschwiegen oder unterdrückt.

Emotionen:

Emotionen sind kurz und intensiv. Die Definition nach Gerrig und Zimbardo lautet:

> *„Reaktion im Verhalten als Antwort auf eine Situation, die als persönlich bedeutsam wahrgenommen wurde."*[60]

---

60 Gerrig, R.J./Zimbardo, P.G.: Psychologie, 18., aktualisierte Auflage; München: 2008, S. 454

Emotionen gelangen zum Ausdruck und beeinflussen die Kommunikation, sie werden mitunter als nicht angebracht eingestuft und unterdrückt. Wenn Emotionen zum Ausdruck gelangen, verschiebt sich die Kommunikationsebene von der sachlichen auf die persönliche; Konflikte können dadurch eskalieren. Zu Beispiel unterstreicht eine Kundin/ein Kunde seine Unzufriedenheit über sachliche Inhalte mit einem persönlichen Angriff, wie z.B.: „Dieses unvollständige Angebot hätte ich von Ihnen als erfahrenen Mitarbeiter nicht erwartet". Der Vertriebsmitarbeiter fühlt sich persönlich in seiner Kompetenz angegriffen und reagiert mit der Aussage: „Wenn die Ihrerseits übermittelten Unterlagen vollständig gewesen wären, hätte das Angebot vollständig erstellt werden können". Es entsteht eine Konfliktsituation, in der durch getätigte Aussagen Emotionalität erzeugt wird. Die Ebene der sachlichen, lösungsorientierten Kommunikation wird verlassen.

Wenn Emotionen unterdrückt werden, führt dies zu latenten Konflikten. Eine emotional verbale Eskalation im Gespräch wird verhindert. Die Unterdrückung der Emotionen beeinflusst das weitere Verhalten. Eine Aufarbeitung von emotionalen Konfliktsituationen ist unumgänglich für eine Rückführung auf die sachliche Gesprächsebene.

Stimmungen:

Als Stimmung wird ein über längere Zeit anhaltender Zustand bezeichnet, welcher Einfluss auf die Motivation für das Tun hat. Es ist zwischen einer Grundstimmung (z.B. fehlende Motivation, Engagement, Optimismus oder Pessimismus) und einer Stimmung gegenüber einem Thema oder einer bestimmten Person, Personengruppe und Unternehmen zu unterscheiden. Die Grundstimmung der fehlenden Motivation für eine Tätigkeit wirkt unmittelbar auf die zu erfüllenden Aufgaben. Die Vertriebsmitarbeiterin/der Vertriebsmitarbeiter wird bei einem Konflikt mit einer Kundin/einem Kunden keine Motivation zeigen, diesen eigenständig zu bereinigen. Es wird auf Vorgaben der Vertriebsleitung verwiesen werden und Klärungen werden an die nächste Instanz „eskaliert". Ein Grad an Gleichgültigkeit charakterisiert bei fehlender Motivation die Handlungen des Vertriebspersonals.

Eine negative Stimmung gegenüber einer Kundin/einem Kunden wirkt einschränkend auf die Interaktionen. Dies hat nicht zwingend Einfluss auf die Grundstimmung. Die Vertriebsmitarbeiterin/der Vertriebsmitarbeiter spürt zwar z.B. bedrohliche, gereizte oder freudvolle Stimmungen vor bzw. im Kundenkontakt; diese Stimmungen kommen und gehen aber mit Beginn und Ende des Aufeinandertreffens und haben keine Auswirkungen auf Grundstimmungen.

Einstellungen:

Welche persönliche Einstellung hat eine Person gegenüber einer Kundin/einem Kunden, Kollegin/Kollegen, Vorgesetzter/Vorgesetzten etc.? Welche sachliche Einstellung hat eine Person gegenüber einer Sache oder einem Thema? Welche Einstellung hat eine Person gegenüber den Handlungsweisen oder Reaktionen anderer?

> *„Beispiele für Einstellungen sind Vorurteile, Sympathie und Antipathie oder der Selbstwert.“*[61]

Im Vertrieb zeigen sich Einstellungen unterschiedlicher Ausrichtung in allen Bereichen. Zum Beispiel hegt eine Kundin/ein Kunde eine Antipathie gegenüber einer Vertriebsmitarbeiterin/einem Vertriebsmitarbeiter aufgrund deren/dessen ausschließlichem Interesse an den Verkaufszahlen bzw. Verkaufszielen, wobei die Bedürfnisse oder Problemstellungen der Kundin/des Kunden vernachlässigt bzw. irrelevant werden. Kundinnen und Kunden weisen eine Sympathie für Vertriebspersonal dann auf, wenn sie diese als Partnerinnen/Partner für die Lösung ihrer eigenen Problemstellungen und als Unterstützerinnen/Unterstützer in eigener Sache akzeptieren.

Mitarbeiterinnen und Mitarbeiter des Vertriebes können die Einstellung aufweisen, dass Kundinnen/Kunden dazu dienen, kurzfristige Erfolge zu erzielen. Die Dienstleistung für die Kundinnen/Kunden steht dann im Hintergrund. Konträr hierzu existiert die Einstellung, dass jede Kundin/jeder Kunde mit ihren/seinen jeweils speziellen Bedürfnissen einzigartig ist. In diesem Fall wird die Vertriebstätigkeit als Problemlösungskompetenz angesehen.

Im Vertriebsmanagement herrscht die Einstellung, dass Kundinnen/Kunden, nach dem Muster des Verkäufermarktes, den eigenen Vorstellungen entsprechend (abteilungseigenen, firmeneigenen) beeinflusst und „umerzogen“ werden müssen. Die konträre Einstellung, orientiert am Käufermarkt, stellt Kundinnen/Kunden und deren Bedürfnisse in den Mittelpunkt, und es wird seitens des Vertriebsmanagements versucht, diese Einstellung an das Vertriebspersonal weiter zu geben.

Unterschiedliche Einstellungen von Personen, welche im Unternehmensinteresse kooperieren müssen (Kundin/Kunde mit Vertrieb, Arbeitskolleginnen/Arbeitskollegen im Team usw.), führen in deren Zusammenarbeit zu Konflikten. Einstellungen müssen vom Vertriebsmanagement gelebt und vorgelebt werden, als Orientierung für das Vertriebspersonal.

---

61 http://de.wikipedia.org/wiki/Einstellung_(Psychologie) (abgerufen am 13.01.2012)

Bedürfnisse:

Entsprechend der Maslovschen Bedürfnispyramide wird zwischen fünf unterschiedlichen Bedürfnisniveaus unterschieden (vgl. Abbildung 7).

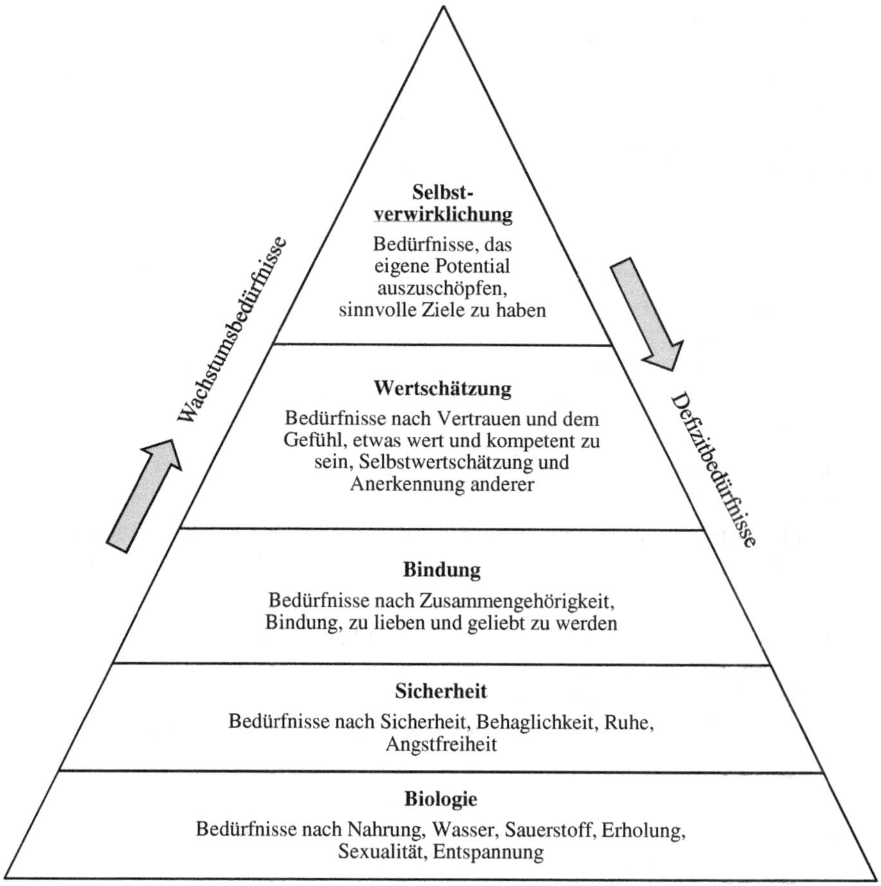

Abbildung 7: Maslows Bedürfnishierarchie

Quelle: Vgl. Gerrig, R.J./Zimbardo P.G.: Psychologie, 18. aktualisierte Auflage; München: 2008, S. 421; eigene Darstellung; Wien: 2012

Die erste Ebene der „physiologischen Grundbedürfnisse" (Biologie) wird für eine aufgabengerechte Berufsausübung als erfüllt vorausgesetzt.

Die zweite Ebene, „das Bedürfnis nach Sicherheit“, wirkt im Bereich der Einkommenssicherheit und Zukunftsabsicherung (Vorsorgeprogramme, Firmenpensionen etc.). Die Nichterfüllung bewirkt eine negative Grundstimmung gegenüber dem eigenen Unternehmen und erzeugt folglich ein Konfliktpotenzial in der Vertriebstätigkeit. Dieser Konflikt muss zwecks Verbesserung der Grundstimmung firmenintern einer raschen Thematisierung zugeführt werden.

Die dritte Ebene, „die sozialen Bedürfnisse“, umfasst den Arbeitsbereich in Bezug auf das Arbeitsklima. Wie verläuft die interne Kommunikation? Wie gestaltet sich die Zusammenarbeit unter Kolleginnen/Kollegen? Existieren Fälle von Mobbing? Diese Konflikte müssen firmenintern, seitens des Managements, aufgegriffen und bearbeitet werden.

Die vierte Ebene der Individualbedürfnisse beschäftigt sich mit den Themen Status, Erfolg und Anerkennung dessen, was geleistet wird. Welchen sozialen Status besitzt die Vertriebsmitarbeiterin/der Vertriebsmitarbeiter in der Vertriebsorganisation? Eine Vertriebsmitarbeiterin/ein Vertriebsmitarbeiter mit Verkaufserfolgen hat Achtung in der Gruppe oder wird Neid bei Kolleginnen/Kollegen auslösen. Im Fall von Neid bedeutet dies Isolation für die erfolgreiche Mitarbeiterin/den erfolgreichen Mitarbeiter. Der soziale Status in der Gruppe (Vertriebsabteilung) geht verloren. Es entsteht die Gefahr, dass die erfolgreiche Mitarbeiterin/der erfolgreiche Mitarbeiter sich zur Einzelkämpferin/zum Einzelkämpfer entwickelt und das Wissen und die eigenen Erfolge nicht mehr teilt. Das Wissenspotenzial des Individuums bleibt für die Organisation ungenutzt.

Welchen Status besitzt die Vertriebsabteilung im Unternehmen? Vertriebsmitarbeiterinnen und Vertriebsmitarbeiter agieren in der überwiegenden Anzahl von Fällen als Einzelperson gegenüber den Kundinnen/Kunden. Ihre Tätigkeit ist, abseits von Zahlen und Fakten, eingeschränkt überprüfbar. Entscheidungen und Vereinbarungen im Kundengespräch werden subjektiv begründet bzw. gerechtfertigt. Dies führt zu einem Konflikt der Vertriebsabteilung mit anderen, speziell dem Vertrieb nachgelagerten, Bereichen wie Fakturierung, Auftragsbearbeitung oder Logistik. Z.B. lautet der Standpunkt des Vertriebs: „Wir bringen das Geschäft für das Unternehmen und die nachgelagerten Abteilungen müssen die Kundenvereinbarungen umsetzen.“ Die nachgelagerten Abteilungen sehen den Sachverhalt so: „Der Vertrieb tätigt Vereinbarungen mit der Kundin/dem Kunden, welche im Unternehmen nicht umgesetzt werden. Der Vertrieb tätigt Zusagen ohne Rücksprache zur Erreichung der persönlichen Vertriebsziele und zur Sicherung der persönlichen Prämierung.“ Ein Konflikt dieser Art führt zu firmeninternen Machtkämpfen und schadet der Gesamtproduktivität von Unternehmen.

Die fünfte Ebene der Selbstverwirklichung betrifft im Geschäftsleben Themen wie Individualität, Perfektion und Erfüllung finden in der Tätigkeit. Individualität, die Eigenart im Verhalten bzw. im Handeln, birgt ein hohes Maß an Konfliktpotenzial in sich. In Verbindung mit dem Streben nach Selbstverwirklichung entwickeln sich persönliche Eigenständigkeit und ein eigener persönlicher Stil des Handelns. Von dieser Eigenständigkeit versprechen sich Mitarbeiterinnen und Mitarbeiter den Weg zum Erfolg bzw. die Erfüllung der persönlichen Ziele. Diese Personen lassen sich nicht in Klischees einordnen und eine Vorhersehbarkeit ihrer Handlungen und Entscheidungen ist schwer einzuschätzen. Handlungen und Entscheidungen richten sich nicht mehr nach einschätzbaren Erwartungen.

Vorstellungen:

Die Vorstellung ist ein Vorgriff in die Zukunft und summiert alle Gedanken zu einem bestimmten Thema, einem definierten Sachinhalt oder gegenüber einer bestimmten Person bzw. Personengruppe. Geprägt werden Vorstellungen durch Vorurteile, Erfahrungswerte und Einschätzungen. Hieraus wird ein Zukunftsbild generiert, auf Basis dessen Möglichkeiten evaluiert und Handlungen gesetzt werden. Wenn Vorstellungen nicht dem Realitätsbild entsprechen, müssen diese revidiert oder zumindest hinterfragt werden. Personen treffen mit unterschiedlichen Vorstellungen aufeinander, und müssen gemeinsam an einer, für alle Beteiligten, akzeptablen Vorstellung arbeiten. Wenn dies, wissentlich oder unbewusst, unterlassen bzw. nicht thematisiert wird, ist eine gemeinsame Wahrheit (eine gemeinsame Realität) nicht möglich. Die Vorstellung seitens des Vertriebs zu einer Problemlösung für die Kundin/den Kunden, muss der Vorstellung der Kundin/des Kunden entsprechen. Diese Vorstellung der Kundin/des Kunden betreffen Bedürfnisse und Problemstellungen, die seitens des Vertriebes realistisch wahrgenommen und angenommen werden müssen. Bei Unterbleiben dieser übereinstimmenden Vorstellung aller Beteiligten ist eine Einigung oder eine Lösung im Konsens blockiert. Daraus resultierende Konflikte werden unumgänglich und erschweren eine sach- und ergebnisorientierte Lösungsfindung.

Gedanken:

Gedanken dienen der Informationsverarbeitung. Zu einer sich ergebenden Situation oder einer erlangten Information entwickeln sich Gedanken. Es stellt sich die Frage, ob die Gedanken mitgeteilt werden wollen bzw. ob diese eine Ausdrucksform finden. Wenn die verbale Kommunikation der Gedanken erfolgt, und Emotionen hinten angestellt werden, d.h. die Sachlichkeit im Vordergrund steht, wird im Konfliktverlauf eine Klärung vorangetrieben. Wenn die Emotion die Sachlichkeit überstrahlt, wird die Konfliktsituation verschärft.

Wenn Gedanken in keiner Weise mitgeteilt und unterdrückt werden, bedingt dies einem kalten Konflikt (vgl. Abschnitt 6.2). Latent anhaltende kalte Konflikte sind aufgrund der fehlenden Kommunikationsinhalte schwer zu orten und folglich keiner Aufarbeitung zuzuführen. Es besteht die Möglichkeit, aus dem Verhalten von Kolleginnen/Kollegen, Mitarbeiterinnen/Mitarbeitern und Geschäftspartnerinnen/Geschäftspartnern auf Konfliktfelder zu schließen und diese anzusprechen.

Interpretationen:

Menschen neigen dazu, Handlungen, Aussagen, Mimik und Gestik des Gegenübers oder einer Gruppe von Personen zu interpretieren. Die Senderin/der Sender einer Nachricht verfolgt eine bestimmte Absicht. Die Empfängerin/der Empfänger nimmt diese wahr und interpretiert sie. Zusätzlich wird die Interpretation beeinflusst von Erwartungen darüber, welche Aussage oder Reaktion der Person oder der Personengruppe nun folgen könnte. Interpretationen, welche als subjektive Betrachtungen eingereiht werden müssen, werden von persönlichen Erwartungen beeinflusst. Wenn Erwartung und Interpretation nicht übereinstimmen, muss ein neues Bild der Situation aufgebaut werden. Erwartungen müssen revidiert und die sachliche Thematik neu überdacht werden. Wenn dies nicht erfolgt, ergibt sich eine Konfliktsituation, eine Verhärtung von Standpunkten, und rein subjektive Interpretationen erlangen starke Gewichtung. Z.B.: Die Vertriebsmitarbeiterin/der Vertriebsmitarbeiter unterbreitet der Kundin/dem Kunden ein Angebot, welches in der Aufbereitung einen hohen Aufwand mit sich brachte und seiner oder ihrer Meinung nach den Kundenwünschen weitgehend entsprechen müsste. Die Kundin/der Kunde reagiert auf das Angebot ohne Wertschätzung mit Ablehnung. Ohne die Hintergründe für diese negative Haltung zu hinterfragen, interpretiert die Vertriebsmitarbeiterin/der Vertriebsmitarbeiter fehlende Wertschätzung oder fehlendes Interesse. Falls in dieser Situation seitens der Mitarbeiterin/des Mitarbeiters im Vertrieb interpretiert und nicht hinterfragt wird, folgt ein Scheitern der Geschäftsanbahnung oder eine Konfliktsituation mit zwei unterschiedlichen rein subjektiven Wahrheiten.

Ziele:

Ziele müssen definiert und kommuniziert werden. Existente Zielsetzungen, die nicht kommuniziert werden, bewirken fehlende Orientierung und geben Raum für Interpretation. Es lässt sich hierzu einwenden, dass z.B. im Kundengespräch das Ziel des Vertriebspersonals der erfolgreiche Geschäftsabschluss ist, und es das Ziel der Kundschaft ist, eine optimale Lösung zu generieren. In Zwischenschritten betrachtet, wird das Vertriebspersonal das Ziel einer ersten Angebotspräsentation verfolgen und die Kundschaft, unter Zeitdruck agierend, die eheste Lösung suchen. Der Vertrieb verfolgt das Ziel des sofortigen Geschäftsabschlusses, und die Kundin/der Kunde erwartet eine erste Präsentation bzw. persönliche Vorstellung. Eine gemeinsame Zielsetzung und deren Kommunikation ist unumgänglich, reduziert den Spielraum zwischen Erwartetem und Erfolgtem und vermindert das Konfliktpotenzial.

Absichten:

Welche Absichten werden zu einem bestimmten Thema, innerhalb eines Gespräches sowie in einer Verhandlung verfolgt? Diese Fragestellungen muss sich jede Person im Vorfeld der Kommunikation stellen. Wenn diese Fragen geklärt sind, werden Absichten mitgeteilt und diese einer sachlichen Thematik zugeordnet. Taktische Absichten werden nicht offen kommuniziert. Dies trifft für alle Beteiligten zu. Die Taktik in der Kommunikation, dem Gespräch oder der Verhandlung ist nicht dem sachlichen Inhalt zuzuordnen. Sachliche Absichten müssen kommuniziert werden und vermeiden das Entstehen von kalten Konflikten im Bereich grundlegender Positionen.

Antriebe:

Welcher Antrieb steckt hinter den gesetzten Zielen? Was ist der Antrieb, die Ziele weiterzuverfolgen, wenn Rückschläge und unerwartete Entwicklungen die Zielerreichung erschweren? Antrieb und Motivation sind zwei relevante Faktoren für die Intensität, mit welchen Ziele verfolgt werden. Der „innere Antrieb" entsteht in der Auseinandersetzung mit der eigenen Person, den persönlichen Zielsetzungen. Das Umfeld stärkt oder schwächt den inneren Antrieb und die Motivation beeinflusst den inneren Antrieb, Handlungen umzusetzen. Wenn Vorgaben oder Zielsetzungen des Unternehmens oder der Vertriebsorganisation wie z.B. kurzfristige Ertragsoptimierung auf eine Vertriebsmitarbeiterin/einen Vertriebsmitarbeiter stoßen, deren oder dessen innerer Antrieb darin besteht, eine langfristig nachhaltige Geschäftsbeziehung aufzubauen, ergeben sich Konfliktsituationen im Bereich von Motivation und Zielerreichung. Wenn das Vertriebspersonal der Kundschaft die allumfänglich beste Lösung verkaufen möchte, und die Kundschaft eine einzelne Komponente wie z.B. Lieferbereitschaft oder Preis penetriert, wird der innere Antrieb für das Vertriebspersonal abgeschwächt oder geht verloren.

Motive:

Das Motiv als stabile Persönlichkeitseigenschaft gibt Auskunft über die Wichtigkeit von persönlichen Zielen. Im Arbeitsleben betrifft dies das Machtmotiv und das Leistungsmotiv.

Das Machtmotiv bewirkt den Willen, Entscheidungen zu treffen und zu beeinflussen. Dies zeigt sich bei Mitarbeiterinnen und Mitarbeitern, welche den Aufstieg in der Unternehmenshierarchie verfolgen.

Das Leistungsmotiv bewirkt das Streben, Leistung zu erbringen, die eigene Leistung (Leistungsfähigkeit, Leistungsbereitschaft) unter Beweis zu stellen und diese nachvollziehbar messbar darzustellen. Im produktiven Vertrieb, dem Tagesgeschäft, ist Leistung jederzeit und ohne Einschränkungen, mittels Vertriebskennzahlen, messbar. Bei Stellen, welche sich mit dem strategischen Vertrieb beschäftigen, wie z.B. die Vertriebsleitung oder das Key Account Management, ist diese eindeutige Messbarkeit bedingt gegeben. Diese Bereiche agieren auf einer Metaebene und bereiten den Markt für den produktiv tätigen Mitarbeiterstab auf. Mitarbeiterinnen und Mitarbeiter im Vertrieb, welche nach unterschiedlichen Motiven in deren Tätigkeit agieren und einer Kooperation unterworfen sind, etablieren unter Umständen Konfliktherde, welche zwischen zwei Personen starten und auf Personengruppen (Vertriebsmanagement – Vertriebspersonal, Vertriebsmanagement – Key Account Management) übergehen. Interpersonelle Konflikte werden so zu Intergruppen-Konflikten . Motive werden bedingt geändert bzw. angepasst. Bei Konflikten unterstützt gegenseitiges Verständnis für die Motive der jeweils anderen; so kann eine Eskalation vermieden werden.

4.3 Ausdrucksformen eines Konfliktes

Die Ausdrucksweise des Konfliktes ist die Art und Weise der Kommunikation. Diese umfasst sachliche Themen und die spezifische persönliche Ausdrucksweise der handelnden Personen. Kommunikation ist bei Aufeinandertreffen von Personen (Gruppen) ein andauernder dynamischer Prozess. Dies trifft auch zu, wenn sich eine Sprechpause ergibt: Zwei Personen treffen jeweils keine Aussage, da beide eine Aussage der anderen Person abwarten möchten. Das Verhandlungsgespräch ist in einer Pattsituation der Kommunikation angelangt (keine Person möchte zwecks Vermeidung vermeintlicher Nachteile für die eigene Situation den nächsten Schritt setzen). In einer solchen Situation wird vonseiten der Gesprächspartnerinnen/Gesprächspartnern den nonverbalen und paraverbalen Anteilen einer Kommunikation, mangels anderer Möglichkeiten, verstärkt Aufmerksamkeit geschenkt.

4.3.1 Verbale Ausdrucksform

Die verbale Kommunikation ist jener Anteil, welcher geschrieben und gelesen werden kann. Die verbale Ausdrucksform, die kognitive Fähigkeit des Sprechens, beinhaltet sachliche und persönliche Aspekte und generiert Inhalte. Die verbale Kommunikation wird durch die nonverbale und paraverbale Ausdrucksform ergänzt bzw. unterstützt. Die para- und nonverbalen Anteile stehen nicht für sich alleine und unterstützen den verbalen Anteil der Kommunikation.

4.3.2 Nonverbale Ausdrucksform

Der nonverbale Teil der Kommunikation äußert sich in der Körpersprache, welche optisch wahrgenommen werden kann. Die Körpersprache besteht aus Gestik (Bewegungen und Haltungen des Körpers) und Mimik (Ausdrucksweise des Gesichtes). Mimik und Gestik unterstreichen und bekräftigen das gesprochene Wort. Wenn die nonverbalen Anteile der Ausdrucksform mit den verbal übermittelten Inhalten nicht korrespondieren, wirkt eine Person in der Gesamtaussage unstimmig und in der Kommunikation auf sein Gegenüber nicht authentisch. Die Folge ist Unsicherheit sowie die Infragestellung der Glaubhaftigkeit des Gegenübers und liefert somit die Basis für Konfliktherde. Das Ausgesprochene wird nicht mit Überzeugung, in Mimik und Gestik erkennbar, ausgedrückt. Die (stimmige) Ausdrucksweise von Mimik und Gestik wird in Kommunikationsseminaren und Vertriebsschulungen bis zu einem bestimmten Grad erlernt, Ausdrucksformen werden vermittels Mimik und Gestik gezielt eingesetzt. Der bewusste Einsatz von Körpersprache bedingt ein hohes Maß an Selbstkontrolle und Selbstreflexion.

4.3.3 Paraverbale Ausdrucksform

Der paraverbale Anteil der Kommunikation wird gehört und auf diese Weise wahrgenommen. Charakteristika der paraverbalen Ausdrucksform sind Lautstärke, Sprechtempo, Stimmvolumen und Stimmlage. Das Volumen einer Stimme verleiht dem Gesagten Ausdruck. Das Stimmvolumen schafft eine angenehme Atmosphäre, wirkt dominant oder strahlt Zurückhaltung aus. Die Stimmlage ist jeder Persönlichkeit vorbestimmt und wird von angenehm bis nicht passend (z.B. Frauen mit tiefen oder Männer mit hohen Stimmen) wahrgenommen. Die Lautstärke ist regelbar und muss dem Umfeld angepasst sein. Das Sprechtempo ist ein persönliches Charakteristikum und wird von der Sprechenden/vom Sprechenden bedingt wahrgenommen. Es besteht die Möglichkeit, dass z.B. ein zu schnelles Sprechtempo von der Zuhörerin/vom Zuhörer als Unsicherheit der Sprecherin/des Sprechers interpretiert wird. Gleichzeitig besteht die Gefahr, dass Inhalte beim Zuhören nicht in der gleichen Geschwindigkeit wie ausgesprochen, aufgenommen und verarbeitet werden. Lücken in der Wahrnehmung führen, bei inhaltlichen Themen, zu falschen Schlüssen, und durch fehlendes Wissen zu falschen Interpretationen.

4.4 Vertriebsrelevante Konfliktkonstellationen

Von den Konfliktkonstellationen im Vertrieb werden jene thematisiert, welche in der produktiven Vertriebstätigkeit von Relevanz sind. Es bestehen innerbetriebliche Spannungsfelder zwischen Vertrieb und Controlling, Vertrieb und Einkauf, Vertrieb und Buchhaltung. Diese seien hier lediglich erwähnt und werden keiner weiteren Betrachtung unterzogen. Die nachstehenden Konstellationen, als Basis für Spannungsfelder und Konflikte, prägen Erfolg und Misserfolg einer Vertriebsorganisation und deren Mitarbeiterinnen und Mitarbeiter.

Kundin/Kunde – Vertriebsmitarbeiterin/Vertriebsmitarbeiter:

Diese Konstellation ist für die produktive Vertriebstätigkeit im Markt zuständig. Dies beinhaltet einerseits die Aufgaben des Vertriebs – von Erstkontakt zur Kundschaft bis zum Vertragsabschluss, und andererseits die Nachbearbeitung von Geschäftsfällen, welche in der Vertragsabwicklung Spannungsfelder aufzeigen. Die produktive und konsensorientierte Konfliktbearbeitung nach erfolgtem Vertragsabschluss ist die Basis für eine weiterführende und erfolgreiche Beziehung zur Kundschaft.

Kundin/Kunde – Vertriebsmanagement:

In der Konflikteskalation zwischen Kundschaft und Vertriebspersonal hat meine Erfahrung gezeigt, dass die Vertriebsleitung involviert wird, wenn die Eskalationsphase drei oder mehr (vgl. Abbildung 8) erreicht ist. Die Vertriebsleitung hat die Aufgabe zu vermitteln, also die Eskalation des Konfliktes abzuwenden, und die Situation von einer Win-lose- bzw. Lose-lose- in eine Win-win-Situation (vgl. Abbildung 8) zurückzuführen. Das Vertriebsmanagement muss aktiv mit den Kundinnen/Kunden in Kontakt treten, wenn aus der Geschäftsbeziehung ein Imageschaden für das eigene Unternehmen abzusehen ist.

Vertriebsmitarbeiterin/Vertriebsmitarbeiter – Vertriebsmanagement:

Der Wandel der Marktsituation vom Verkäufermarkt zum Käufermarkt bringt einerseits die Auswahlmöglichkeit von vergleichbaren Produkten oder Dienstleistungen unterschiedlicher Unternehmen einer Branche mit sich, andererseits neue Herausforderungen für den Vertrieb. Für die Kundinnen/Kunden steht nicht mehr nur das Produkt oder die Dienstleistung im Mittelpunkt. Die Mitarbeiterinnen/Mitarbeiter im Vertrieb müssen im Kundenkontakt ihre Persönlichkeit bzw. ihre persönliche Kundenbetreuung in den Vordergrund stellen. Kundinnen/Kunden können nach folgendem Muster ihrerseits persönlich werden: „Ich kaufe bei Ihnen und nicht bei ihrem Unternehmen!" „Ich habe mit Ihnen den Vertrag unterschrieben und nun sind sie zuständig für die Klärung!" „Sie persönlich sind mir verantwortlich für ..."

Die Mitarbeiterinnen und Mitarbeiter im Vertrieb agieren für ihr Unternehmen und mit ihrer Persönlichkeit, und müssen in Konfliktsituationen im Namen des Unternehmens und mit ihrer Persönlichkeit die Kommunikation führen.

Innerbetriebliche Spannungsfelder in der Vertriebsorganisation, welche einen direkten Einfluss auf die produktive Vertriebstätigkeit haben, treten z.B. wie folgt in Erscheinung:

- Von Vertriebsmitarbeiterinnen/Vertriebsmitarbeiter getätigte Zusagen an Kundinnen/Kunden oder geschlossene Vereinbarungen mit diesen werden zum Teil oder gänzlich nicht eingehalten.
- Der Informationsfluss in der Vertriebsorganisation ist gestört. Für die Kundenbetreuung relevante Informationen werden nicht oder nicht vollständig übermittelt bzw. nicht vollständig wahrgenommen. Relevante Informationen werden verspätet kommuniziert. Diese Probleme in der Kommunikation treten in der Richtung Vertriebsmanagement zu den Mitarbeiterinnen und Mitarbeitern und vice versa auf.

Neben organisatorisch oder systemisch bedingten Spannungsfeldern resultieren die genannten Spannungsfelder in unternehmensinterne Konfliktsituationen, welche einen direkten Einfluss auf die produktive Vertriebstätigkeit bewirken und einer Konfliktaufarbeitung zugeführt werden müssen.

Wenn Spannungsfelder in Konfliktsituationen übergehen, wird je nach Eskalation im Konfliktverlauf zwischen Eskalationsebenen und Eskalationsphasen unterschieden.

4.5 Phasenmodell der Eskalation

Für die Beurteilung eines Konfliktes und die Einschätzung einer Konfliktsituation ist es erforderlich, eine Zuordnung der erreichten Eskalationsstufe im Konflikt zu treffen. Auf Basis dieser Einschätzung der Konfliktsituation erfolgt die Konfliktbearbeitung, d.h. die Vorbereitung und Intervention durch die Konfliktmittlerin/den Konfliktmittler. Je fortgeschrittener eine Eskalation im Konfliktverlauf ist, desto mehr Energie wird von allen Beteiligten für das Handling des Konfliktes aufgewendet und desto größer ist der Energieaufwand (monetär und zeitlich) für die Konfliktmittlerin/den Konfliktmittler zur Bearbeitung des Konflikts. Nachdem auch der Zeitaufwand eine monetäre Größe darstellt, muss das Unternehmen sensibel auf aufkeimende Konflikte reagieren. Der wirtschaftliche Schaden bzw. der wirtschaftliche Aufwand, einen Konflikt auszuräumen, steigt mit fortschreitender Eskalation.

4.5.1 Eskalationsebenen im Konfliktverlauf

Die Eskalation im Konfliktverlauf wird in drei Ebenen eingeteilt. Diese beschreiben den Ausgang des Eskalationsprozesses als Win-win-, Win-lose- oder Lose-lose-Ergebnis (vgl. Abbildung 8).

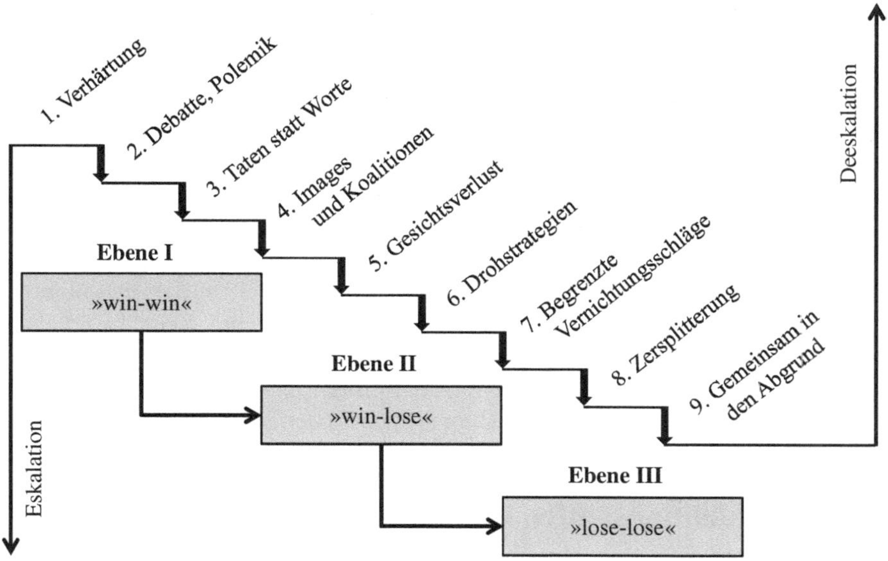

Abbildung 8: Die drei Ebenen der Eskalation

Quelle: Vgl. Glasl, F.: Konfliktmanagement, 8. aktualisierte und ergänzte Auflage; Stuttgart: 2004, S. 234; eigene Darstellung; Wien: 2012

Ebene I: „win-win"

Zu Beginn der Konflikteskalation ist eine Lösungsfindung im Konsens, welche für alle Beteiligten einen Gewinn darstellt, realistisch. Die Beteiligten führen eigenständig eine Klärung herbei, da das Interesse an einer Klärung und die Empathie für das Anliegen der anderen Person oder Gruppe vorhanden ist. Oder es ist durch eine Klärungsunterstützung eine Einigung im Konsens erzielbar. Das Doppelsieg-Ergebnis bemüht sich um einen Interessenausgleich aller Beteiligten.

Ebene II: „win-lose"

In diesem Bereich beginnt die aktive gegenseitige Einwirkung der Beteiligten abseits der rein sachlichen Thematik. Der Konflikt wird nach außen getragen. Die Objektbetrachtung des Konfliktes wandelt sich zu einer Subjektbetrachtung der handelnden Personen, welche mit fortschreitender Eskalation die wahre Kernproblematik darstellen. In diesem Bereich beginnt die gegenseitige Aufrechnung anhand der (zweifelhaften) Logik: Was ich gewinne, verliert das Gegenüber.

Ebene III: „lose-lose“

Die Beteiligten haben jegliches Interesse an der Situation der anderen Beteiligten verloren. Den handelnden Personen wird bewusst, dass es für keine oder keinen der Beteiligten einen Gewinn geben wird, sondern der eigene Verlust minimiert und derjenige des Gegenübers maximiert werden muss. Die hier zugrunde liegende Logik lautet dann: Je kleiner mein Verlust, desto schlimmer trifft es die anderen Beteiligten. Gewinn und Verlust sind nicht mehr länger objektive Messgrößen, sondern subjektive Interpretationen des Ergebnisses. Der eigene Gewinn kehrt sich um zu einem Verlust. Die gegnerischen Personen werden nicht mehr als Subjekt, sondern als Objekt der Konfliktursache gesehen.

4.5.2 Eskalationsstufen im Konfliktverlauf

Der Konfliktverlauf entwickelt eine Eigendynamik. Die entstehenden Energien der Konfliktbeteiligten bewirken eine Verstärkung und Beschleunigung des Geschehens. Die Möglichkeit der Steuerung des Konfliktverlaufes schwindet mit zunehmender Eskalation von Phase eins bis Phase neun (vgl. Abbildungen 9,10,11).

1
Verhärtung

-Standpunkte verhärten zuweilen, prallen aufeinander

-Zeitweilige Ausrutscher und Verkrampfung

-Bewusstsein der bestehenden Spannung erzeugt Krampf

-Überzeugung: Spannungen durch Gespräch lösbar

-Noch keine starren Parteien oder Lager

2
Debatte, Polemik

-Polarisation im Denken, Fühlen und Wollen

-Schwarz-Weiss-Denken

-Taktiken: quasi-rational, verbale Gewalt

-Reden zur Tribüne, über Dritte

-Gegenseitige Abwertungen

3
Taten statt Worte

-Reden hilft nichts mehr also: Taten

-Strategie der vollendeten Tatsachen

-Diskrepanz verbales, nonverbales Verhalten, nonverbales Verhalten dominiert

-Gefahr: Fehlinterpretationen

-Pessimistische Antizipation: Misstrauen, Akzeleration

-Rollen-Kristallisation

-Drohgebärde

-Empathie verloren

Abbildung 9: Phasenmodell der Eskalation, Phase 1-3

Quelle: Vgl. Glasl, F.: Konfliktmanagement, 8. aktualisierte und ergänzte Auflage; Stuttgart: 2004, S. 236f; eigene Darstellung; Wien: 2012

Phase 1: Verhärtung

Die Beteiligten vertreten unterschiedliche Meinungen und Standpunkte. In der Außensicht hat dies keinen erkennbaren Einfluss auf die Geschäftstätigkeit und das zwischenmenschliche Verhalten. Bei den Beteiligten beginnen sich Spannungen aufzubauen, und Standpunkte zu verhärten. Im Rahmen von Gesprächen etablieren sich Rollenbilder, wie Meinungsführerin/Meinungsführer, Mitläuferin/Mitläufer und Unterstützerin/Unterstützer, welche die jeweilige Position verstärken, und Gruppierungen für einen Standpunkt etablieren. Bei Konfliktgesprächen nimmt die Offenheit in der Argumentationsführung ab, und die Konzentration liegt auf der Untermauerung des eigenen Standpunktes.

Phase 2: Debatte, Polemik

Die Kommunikation entwickelt sich zu verbalen Konfrontationen, und die Standpunkte und Haltungen verhärten sich weiter. Das Miteinander beginnt sich in ein gegeneinander zu wandeln, die Beteiligten neigen zu einem Schwarzweiß-Denken. Die Graubereiche für eine gegenseitige Annäherung verschwinden. Zu diesem Zeitpunkt neigt der Konflikt, von einem sachlichen in einen persönlich-ambitionierten Interessenunterschied überzugehen. Eigene Fehler werden wegargumentiert und nicht mehr eingestanden, denn das wäre als persönlicher Misserfolg zu werten. Status und Prestige der eigenen Person könnten leiden. In den Diskussionen bekommen Emotionen mehr Spielraum.

Phase 3: Taten statt Worte

Die Kundin/der Kunde, die Mitarbeiterin/der Mitarbeiter oder die Vorgesetzte/der Vorgesetzte wandeln sich zwecks Wahrung der jeweils eigenen Interessen von der Partnerin/vom Partner zur Kontrahentin/zum Kontrahenten. Gespräche werden auf ein Minimum reduziert, und die ersten Aktionen werden gesetzt. Eine Aktion besteht darin, keine Schritte mehr zur Konfliktbereinigung zu setzen, und die Tätigkeit auf das absolute Minimum – nämlich das schriftlich Vereinbarte – zu reduzieren. In dieser Phase wird begonnen, die bestehenden Vereinbarungen zu überprüfen (Risk-Management) und Verträge nochmals durchzuarbeiten. Der Informationsaustausch erfolgt nicht mehr in der mündlichen Kommunikation, sondern überwiegend schriftlich. Die Androhung weiterer, für die Gegenseite nachteiliger, Schritte werden in den Raum gestellt, Hinweispflichten werden mitgeteilt.

4
Images und Koalitionen

-Stereotypen, Klischees, Image-Kampagnen

-Gerüchte auf Wissen und Können

-Einander in negative Rollen manövrieren und bekämpfen

-Werben um Anhänger, symbiotische Koalitionen

-Self-fulfilling prophecy durch Perzeptions-fixierung

-Dementierbares Strafverhalten

5
Gesichtsverlust

-Öffentlich und direkt: Gesichtsangriffe

-Vorwurf des Ehrverlustes, Verrats, Verbrechens

-Inszenierte Demaskierungsaktion

-Enttäuschung, Aha-Erlebnis rückwirkend

-Ausstoßen, verbannen

-Sozialer Autismus

-Ideologie, Werte, Prinzipien

-Rehabilitierung

6
Drohstrategien

-Erpressung

-Drohung und Gegendrohung: Forderung - Sanktion - Sanktionspotential

-Glaubwürdigkeit: Proportionalität, Selbstbindungsaktivitäten, Stolperdrähte

-Stress

-Akzeleration durch Ultimata

Abbildung 10: Phasenmodell der Eskalation, Phase 4-6

Quelle: Vgl. Glasl, F.: Konfliktmanagement, 8. aktualisierte und ergänzte Auflage; Stuttgart: 2004, S. 236f; eigene Darstellung; Wien: 2012

Phase 4: Images und Koalitionen

Die Beteiligten streben danach, die eigene Position, Stellung und Reputation zu sichern.

> *„Es geht den Parteien um den eigenen Sieg bzw. die Niederlage des Gegners, «win-lose».“*[62]

Empathie ist nicht mehr vorhanden. Die Kommunikation erfolgt mit juristischer Unterstützung bzw. Beratung zwecks Absicherung und Dokumentation für ein nachfolgend angedachtes, juristisches Verfahren. Der Konflikt wird nicht mehr von Personen, sondern von Unternehmen ausgetragen. Zwischen Personen und Unternehmen wird nicht mehr unterschieden. Der Konflikt gelangt an die Öffentlichkeit. Diskussionen wandeln sich in Mitteilungen von Tatsachen, welche jeweils als unverrückbar dargestellt werden.

---

62 Glasl, F.: Konfliktmanagement, Ein Handbuch für Führungskräfte, Beraterinnen und Berater, 8., aktualisierte und ergänzte Auflage; Stuttgart: 2004, S. 256

Phase 5: Gesichtsverlust

Der Gesichtsverlust bedeutet eine Konflikteskalation in der persönlichen Beziehung und verleiht der Aggressionsenergie einen Energieschub.

> *„H.Garfinkel (1974) hat die Vorgänge und tieferen Hintergründe des Gesichtsverlustes analysiert. Er beschreibt ihn als Vernichtung der Identität, wobei wir ergänzen, dass dies sowohl für Einzelpersonen, eine Gruppe oder eine grössere soziale Institution gelten kann (siehe Glasl und Lievegoed 2004).“*[63]

Erfolgreiche Geschäftsbeziehungen der Vergangenheit oder eine erfolgreiche Zusammenarbeit im Unternehmen (kollegial, hierarchisch) werden infrage gestellt. Positive Erfahrungen werden ausgeblendet und Strategien der Gegnerin/des Gegners als persönlicher Angriff oder Angriff auf das Unternehmen interpretiert. Die Meinungsbildung erfolgt nicht mehr pro oder kontra zu einem Thema, sondern für oder gegen eine Person, eine Gruppe oder ein Unternehmen. In dieser Phase werden erste juristische Schritte angedacht und Drohungen formuliert. Die Gegnerin/der Gegner wird zu Entscheidungen gedrängt.

Phase 6: Drohstrategien

Die bedacht oder unbedacht ausgesprochenen Drohungen werden systematisiert kommuniziert, und Sanktionen werden angedroht. Juristische Unterstützung wird hinzugezogen. Bei firmeninternen Konflikten tritt an dieser Stelle die Arbeitnehmervertretung (Betriebsrat) oder die Personalstelle in die Kommunikation mit ein.

> *„Die bedrohte Partei erlebt sich durch ein Ultimatum und angedrohte Sanktionen eingeengt und festgenagelt“*[64]

Drohungen bewirken Gegendrohungen, Sanktionen bewirken Gegensanktionen. Eigene Fehler, Unterlassungen oder Missstände werden ausgeklammert, und eine Deeskalation des Konfliktes wird nur durch Handlungen der anderen Beteiligten als relevant angesehen.

Die Kommunikation von Drohungen und Sanktionen bewirkt eine Einengung der Handlungs- und Entscheidungsspielräume. Das Setzen weiterer Schritte wird von den Reaktionen des Gegenübers in Abhängigkeit gesetzt. Die Standpunkte sind festgefahren und die den jeweiligen Standpunkten zugrunde liegenden Interessen stehen nicht mehr zur Diskussion. Wenn zu diesem Zeitpunkt keine Intervention in den Konfliktverlauf erfolgt, werden Drohungen und Sanktionen umgesetzt, die zu ersten „Vernichtungsschlägen“ führen.

---

63 Glasl, F.: Konfliktmanagement, Ein Handbuch für Führungskräfte, Beraterinnen und Berater, 8., aktualisierte und ergänzte Auflage; Stuttgart: 2004, S. 267

64 Ebd., S. 283

7
Begrenzte Vernichtungsschläge

- -Denken in Dingkategorien
- -Keine menschliche Qualität mehr
- -Begrenzte Vernichtungsschläge als passende Antwort
- -Umkehren der Werte ins Gegenteil: relativ kleinerer eigener Schaden wird als Gewinn betrachtet

8
Zersplitterung

- -Paralysieren und Desintegrieren des feindlichen Systems
- -Abschnüren der Exponenten vom Hinterland
- -Vitale Systemfaktoren zerstören, dadurch das Gegnersystem nicht mehr steuerbar, zerfällt

9
Gemeinsam in den Abgrund

- -Kein Weg mehr zurück
- -Totale Konfrontation
- -Vernichtung zum Preis der Selbstvernichtung
- -Lust an Selbstschädigung, wenn auch der Feind zugrunde geht

Abbildung 11: Phasenmodell der Eskalation, Phase 7-9

Quelle: Vgl. Glasl, F.: Konfliktmanagement, 8. aktualisierte und ergänzte Auflage; Stuttgart: 2004, S. 236f; eigene Darstellung; Wien: 2012

Phase 7: Begrenzte Vernichtungsschläge

Alle Überlegungen, Handlungen und Entscheidungen konzentrieren sich auf die eigene Position. Die Konfliktbeteiligten sehen sich gegenseitig als Hindernis an, Misstrauen löst Verständnis ab. Die Absicherung der Zielerreichung für die eigene Person, für das eigene Unternehmen, hat absolute Priorität. Die Taktik der begrenzten Vernichtungsschläge demonstriert Entschlossenheit und die Stärke der eigenen Position. Vereinbarte Leistungen der ordentlichen Geschäftstätigkeit werden nicht oder begrenzt erbracht (Arbeiten werden eingestellt, Lieferungen werden gestoppt, Zahlungen werden zurückbehalten, Zahlungsgarantien wie Bankgarantien oder Firmengarantien werden gezogen). Aufkommende Signale einer/eines Beteiligten, welche der Deeskalation dienen, werden vom Gegenüber nicht als solche wahrgenommen und wenn doch, als taktische Ablenkungen verstanden. Als folgende Aktion oder parallel zu den begrenzten Vernichtungsschlägen, wird der Konflikt an Außenstehende kommuniziert.

Phase 8: Zersplitterung

Die Beteiligten beginnen damit, den jeweiligen Gegnerinnen/Gegnern ein negatives Image zu verleihen. Diese Diskreditierung erfolgt bei Organisationen (Abteilungen, Geschäftspartnerinnen/Geschäftspartner, Kundinnen/Kunden), welche in keiner Weise in den Konfliktverlauf involviert sind. Die Geschäftstätigkeit, das Verhalten und die Kompetenzen der Gegnerinnen/ Gegner werden öffentlich abgewertet. Das Ziel dabei ist, Verständnis und Bestätigung für die eigene Situation bzw. für das eigene Handeln zu erhalten. Diese Verhaltensweisen sind gekennzeichnet durch Missachtung jeglicher Sachlichkeit und durch ein Demonstrationsgebaren der eigenen Stärke und Entschlossenheit.

Phase 9: Gemeinsam in den Abgrund

Hierbei steht die wechselseitige Vernichtung aller vergangenen, aktuellen und potenziellen Geschäftsbeziehungen im Zentrum. Nachdem der Konflikt, gemäß Phase acht, über eine öffentliche Plattform kommuniziert wurde, muss der Gegnerin/dem Gegner Schaden zugefügt werden, damit der eigene Schaden, in Bezug auf Glaubwürdigkeit in der Öffentlichkeit, eigenes Image und monetäre Aspekte, beschränkt werden kann. Die Erfahrungen aus dem Konflikt über einen Geschäftsfall oder ein Thema werden auf alle bestehenden Situationen aufgerechnet. Sämtliche Geschäftsfälle zwischen den Beteiligten werden hinterfragt, neu bewertet oder eingestellt. Sämtliche Kommunikation wird nach den Erfahrungen des einen Konflikts ausgerichtet und Arbeitsverhältnisse werden gelöst. Die entstehenden Kosten für den Ausgleich verloren gegangener Geschäftsfälle bzw. für die Wiederherstellung interner Leistungskapazitäten werden akzeptiert und als erforderlich betrachtet.

Die Variabilität von Spannungsfeldern und die Phasen des Konfliktverlaufes zeigen die Komplexität von Konfliktgrundlagen. Nach der Bewusstmachung der sachlichen Situation und des emotionalen Status der beteiligten Personen erfolgt die Intervention in den Konfliktverlauf. Diese Intervention erfolgt eigenständig, durch einen Konfliktbeteiligten oder mittels Unterstützung Dritter.

5 Intervention im Konfliktverlauf

Die nachfolgend definierten elf Elemente charakterisieren situativ die Rahmenbedingungen der Konfliktintervention.

> *„**Ele|mẹnt** ᵋ, das; -[e]s, -e [mhd. element < lat. elementum, H. u.]: **1. a)** [Grund]bestandteil, Komponente:(im Originatextl kursiv) ein wesentliches E.; **b)** typisches Merkmal, Wesenszug:(im Originaltext kursiv) die Musik enthält einige -e des Jazz;“*[65]

Je nach Verfahrenswahl finden diese elf Elemente Berücksichtigung in der Prozessabwicklung und bei den Rollen der Konfliktbeteiligten bzw. der Prozessführerin/des Prozessführers. Als Grundlage der elf Elemente dienen die acht Grundsätze der Wirtschaftsmediation,[66] ergänzt durch die Elemente Fachlichkeit, Entscheidungsgewalt und Konfliktmittlerin/Konfliktmittler.

Freiwilligkeit:

Die Teilnahme am Prozess der Konfliktlösung ist freiwillig. Jede beteiligte Person hat die Freiheit, jederzeit ihre/seine Teilnahme am Prozess zur Konfliktbearbeitung abzubrechen, ohne jegliche Verpflichtung und rechtliche Sanktionen. Durch gruppendynamische Zwänge und hierarchische Systeme wird die Freiwilligkeit im Wirtschaftsleben oftmals unterlaufen.

Allparteilichkeit:

Die Prozessführerin/der Prozessführer darf niemandes Partei zulasten eines Beteiligten ergreifen. Sie/Er muss die Interessen aller Beteiligten in gleichem Maß berücksichtigen/thematisieren und darf keine Bewertungen vornehmen.

Neutralität:

Die Prozessführerin/der Prozessführer verhält sich in der Sache völlig neutral. Ihre/Seine Aufgabe ist die Führung des Konfliktbearbeitungsverfahrens. Die inhaltliche Problembearbeitung, ohne jegliche Einbringung der Prozessführerin/des Prozessführers, ist die Aufgabe der Konfliktbeteiligten. Die Einbringung in das Sachthema erfolgt nur bei derartigen Lösungsansätzen der Konfliktbeteiligten, welche dem geltenden Recht widersprechen oder Sittenwidrigkeit angenommen wird.

---

65 Duden: Deutsches Universalwörterbuch, 7. Auflage; Mannheim: 2011, CD-ROM

66 Vgl. Zuberbühler, C.: Wirtschaftsmediation, Durch Konsens zum Erfolg; Zürich: 2006, Hörbuch CD1

Vertraulichkeit:

Das Verfahren läuft innerhalb eines vertraulichen Rahmens. Die Prozessführerin/der Prozessführer ist zur Verschwiegenheit verpflichtet. Die Beteiligten werden zur Verschwiegenheit angehalten. Das Verfahren verläuft in einem geschützten Rahmen. Die Störung bzw. Beeinflussung des Prozesses der Konfliktbearbeitung ist ausgeschlossen. Dies gilt für eine Einflussnahme von außen und die Informationsweitergabe an Außenstehende oder Medien.

Offenheit:

Offenheit in der Kommunikation bewirkt eine tiefgründige Aufarbeitung (der Blick auf die Interessen und Anliegen hinter den Standpunkten) der Konfliktthematik. Taktische Informationsweitergabe bzw. Zurückhaltung stört den Prozess und ist für eine Konsensfindung hinderlich. Transparenz in der Kommunikation von Interessen und Bedürfnissen ergibt ein höheres Verständnis für die Situation. Die Anliegen aller Konfliktbeteiligten werden in gleichem Maß berücksichtigt, unabhängig der kognitiven Fähigkeiten einzelner Personen.

Eigenverantwortlichkeit:

Die Konfliktbeteiligten sind gefordert, an der Konfliktbearbeitung teilzunehmen und eigenverantwortlich Entscheidungen zu treffen. Ein psychisch stabiler Zustand und die kognitiven Voraussetzungen für die Wahrnehmung von Eigenverantwortung der Konfliktbeteiligten müssen gegeben sein. Es erfolgt keine Abgabe der Entscheidungsgewalt an dritte Personen oder Institutionen.

Zeitrahmendefinition:

Die Prozessführerin/der Prozessführer definiert eigenständig, mit den Konfliktbeteiligten, den Ablauf und den zeitlichen Rahmen für das Verfahren. Die Vorgabe und Einhaltung erfolgt ohne Beeinflussung von außen bzw. ohne (rechtlich) vorgegebene Rahmenbedingungen oder Abläufe.

Ethik:

Das Gabler-Wirtschaftslexikon meint hierzu Folgendes:

> *„Wirtschaftsethik befasst sich mit der Frage, wie moralische Normen und Ideale unter den Bedingungen der modernen Wirtschaft zur Geltung gebracht werden können (Implementationsproblematik). Neuere Ansätze erweitern den Begriff, indem sie entsprechend einem modernen Begriff von Ökonomik als allg. Verhaltenstheorie Wirtschaftsethik als ökonomische Theorie der Moral bzw. ökonomische Ethik verstehen.*

Damit sind auch die Begründung von Normen, z.B. von Menschenrechten, und die ökonomischen Folgen moralischen Verhaltens Gegenstand von Wirtschaftsethik.“[67]

Die Konfliktbearbeitung orientiert sich nicht allein an den gesetzlichen Grundlagen, sondern berücksichtigt Ansätze auf Basis von Ethik.

Fachlichkeit:

Die Prozessführerin/der Prozessführer bringt sich inhaltlich, zum Konfliktthema, in die Problembearbeitung ein. Auf Basis gesetzlicher Rahmenbedingungen oder deren fachlichem Know-how wird versucht, zur sachlichen Lösungsfindung in der Konfliktbearbeitung beizutragen.

Entscheidungsgewalt:

Die Prozessführerin/der Prozessführer hat, auf gesetzlicher Basis, die Entscheidungsgewalt und die Rolle der Rechtsprechung inne. Wenn der Rechtsspruch zumindest von einer Beteiligten/einem Beteiligten nicht akzeptiert wird, verbleibt der Instanzenweg oder der Vergleich.

Konfliktmittlerin/Konfliktmittler:

Die Prozessführerin/der Prozessführer agiert nach folgender Rollenbeschreibung: Die Konfliktmittlerin/der Konfliktmittler wirkt als Vermittlerin/Vermittler ohne Eigeninteressen und führt zumindest zwei oder mehrere Personen zu einer mit neuen Erkenntnissen angereicherten intellektuellen Verbindung in Bezug auf gegensätzliche Interessen, Anschauungen oder Auffassungen. Dies geschieht in einer Weise, dass bestehende Widersprüche aufgelöst werden, rationales Begreifen entsteht und Unausgedrücktes angesprochen wird; es dient der Konsensfindung im Interesse aller am Konflikt Beteiligten.

Eine Intervention zur Konfliktbearbeitung erfolgt mittels unternehmensexterner oder unternehmensinterner Unterstützung und durch Unterstützung Dritter als Prozessführerin/Prozessführer. Je nach gewähltem Verfahren finden die elf Elemente Berücksichtigung.

---

67 http://wirtschaftslexikon.gabler.de/Archiv/1883/wirtschaftsethik-v6.html (abgerufen am 02.03.2012)

5.1 Konfliktbearbeitungsverfahren

Die Einbeziehung der externen Unterstützung für die Konfliktbearbeitung erfolgt mittels einem Mediationsverfahren, dem Schlichtungsverfahren, einem Schiedsgerichtsverfahren oder dem Gerichtsverfahren. Je nach Verfahren unterschiedlich, kommen die elf Elemente (vgl. Tabelle 1) zur Berücksichtigung.

Tabelle 1: Elf Elemente im Konfliktbearbeitungsverfahren

	Mediations-verfahren	Schlichtungs-verfahren	Schiedsgerichts-verfahren	Gerichts-verfahren
Freiwilligkeit	√	√	√	---
Allparteilichkeit	√	---	√	---
Neutralität	√	---	---	---
Vertraulichkeit	√	√	(√)	(√)
Offenheit	√	(√)	---	---
Eigenverant-wortlichkeit	√	√	---	---
Zeitrahmen-definition	√	√	---	---
Fachlichkeit	---	√	√	√
Entscheidungs-gewalt	---	---	√	√
Ethik	√	√	---	---
Konfliktmittler/ Konfliktmittlerin	√	---	---	---

Legende zu Tabelle 1:

√ .... *Element trifft im Verfahren Berücksichtigung*
(√) .... *Element trifft im Verfahren teilweise Berücksichtigung*
--- .... *Element trifft im Verfahren keine Berücksichtigung*

5.1.1 Mediationsverfahren

Die acht mediativen Grundsätze (vgl. Abschnitt 2.9) sind in den elf Elementen der Konfliktbearbeitungsverfahren enthalten. Diese mediativen Grundsätze sind die Basis für die Abwicklung des Verfahrens.

„Mediation ist ein Verfahren der Konfliktlösung, das in den 60er und 70er-Jahren in den USA entwickelt wurde und dort mit Erfolg in vielen Lebensbereichen angewendet wird.“[68]

„Aber erst zwischen 1975 und 1985 ist Mediation als Verfahren der Streitbeilegung in vielen europäischen Ländern wieder mehr ins öffentliche Bewusstsein gerückt, wohl auch befördert durch die Entwicklungen in den USA (vgl. z.B. Feuille & Kolb, 1994).“[69]

Die Anwendungsfelder des Mediationsverfahrens in der Wirtschaft sind Wirtschaftskonflikte, arbeitsrechtliche Auseinandersetzungen und Organisationskonflikte.[70] Die Konfliktbearbeitung mittels Mediation findet bei innerbetrieblichen und außerbetrieblichen Konflikten Anwendung.

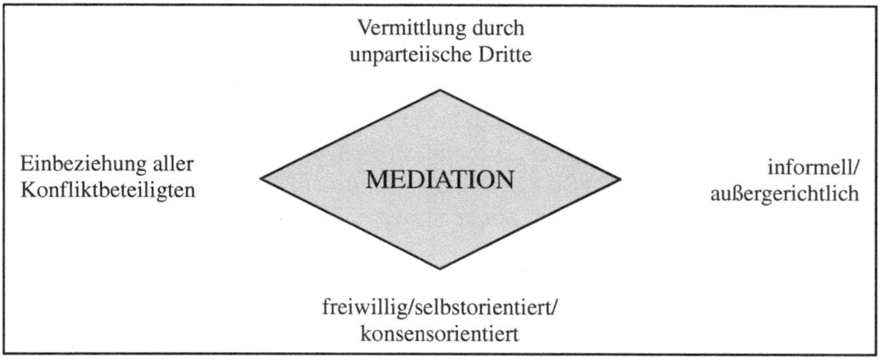

Abbildung 12: Merkmale des Mediationsverfahrens

Quelle: Besemer, C.: Mediation, Vermittlung in Konflikten, 9. Auflage; Baden: 2002, S. 15

Die Konfliktbearbeitung findet ausnahmslos in Anwesenheit der Mediatorin/des Mediator als Konfliktmittlerin/Konfliktmittler statt. Eine aktive Konfliktbearbeitung ohne Beisein der Mediatorin/des Mediators erfolgt nicht. Alle Konfliktbeteiligten werden miteinbezogen und sind bei den Mediationssitzungen anwesend. Auf Basis der informellen und außergerichtlichen Ebene, auf welcher ein Mediationsverfahren abgewickelt wird, ist die Teilnahme freiwillig. Im Fall einer Teilnahme haben alle Beteiligten die Möglichkeit, selbstbestimmt an einer konsensualen Lösungsfindung zu arbeiten.

68 Besemer, C.: Mediation, Vermittlung in Konflikten, 9. Auflage; Baden: 2002, S. 14

69 Montada, L./Kals, E.: Mediation, Ein Lehrbuch auf psychologischer Grundlage, 2., vollständig überarbeitet Auflage; Weinheim: 2007, S. 7

70 Vgl. ebd., S. 8

Die Beiziehung von externer Unterstützung durch eine Mediatorin/einen Mediators ist davon abhängig, inwieweit die bewusste Wahrnehmung eines Konfliktes erfolgt und inwieweit die in den Konflikt involvierten bzw. für den Konflikt hierarchisch verantwortlichen Personen der Überzeugung sind, dass eine eigenständige Lösungsfindung blockiert ist. Dies ist somit eine rein subjektive Entscheidungsgrundlage. Nach meinem Verständnis ist die Entscheidung, ob ein Mediationsverfahren durchgeführt wird, nach folgenden Richtlinien zu treffen:

- *Die Eskalationsphase 4, Images und Koalitionen, (vgl. Abschnitt 4.5.2) ist erreicht:* als Alternative zu angedachten juristischen Schritten, zwecks Vermeidung der Bildung von Konfliktkoalitionen, als Prävention für Imageschädigungen.
- *Die Eskalationsebene II oder III (vgl. Abschnitt 4.5.1) ist erreicht:* die Mediation zwecks Rückführung des Konfliktverlaufes auf Ebene I, in welcher (im Gegensatz zu den Ebenen II und III) eine Win-win-Lösung realistisch ist.
- *Interesse an weiterführender Zusammenarbeit bzw. Geschäftsbeziehung:* Es besteht für die am Konflikt beteiligten Personen, Abteilungen oder Unternehmen das Interesse, die Zusammenarbeit nach der konkreten Konfliktbearbeitung fortzuführen.
- *Elf Elemente im Konfliktbearbeitungsverfahren (vgl. Tabelle 1):* Die gewünschten Elemente für eine Konfliktbearbeitung stimmen mit jenen des Mediationsverfahrens überein.

Die gesetzlichen Rahmenbedingungen für ein Mediationsverfahren sind im Zivilrechts-Mediations-Gesetz (ZivMediatG) BGBl.I Nr.29/2003 (Bundesgesetz über Mediation in Zivilrechtssachen) geregelt.[71] Die Auswahl einer Mediatorin/eines Mediators erfolgt auf Basis der Liste der eingetragenen Mediatorinnen/Mediatoren, welche auf der Homepage des Bundesministeriums für Justiz abrufbar ist[72] oder über Empfehlung.

Die Wirtschaftsmediatorin/der Wirtschaftsmediator muss ein Backgroundwissen über Vorgänge, Handlungsweisen und Abläufe in der Wirtschaft aufweisen. Obwohl die Mediatorin/der Mediator nicht als Beraterin/Berater agiert und somit keinen Input zu der Konfliktthematik einbringt, ist das Backgroundwissen für ein Verständnis der Konfliktthematik erforderlich.

71 Vgl. http://www.ris.bka.gv.at/GeltendeFassung.wxe?Abfrage=Bundesnormen& Gesetzesnummer=20002753 (abgerufen am 04.06.2012)

72 Vgl. http://www.mediatorenliste.justiz.gv.at/mediatoren/mediatorenliste.nsf/docs/ home (abgerufen am 10.04.2012)

5.1.2 Schlichtungsverfahren

Das Schlichtungsverfahren, dessen Merkmale in der folgenden Abbildung 13 dargestellt werden, ist ein außergerichtliches Verfahren zur Konfliktbearbeitung.

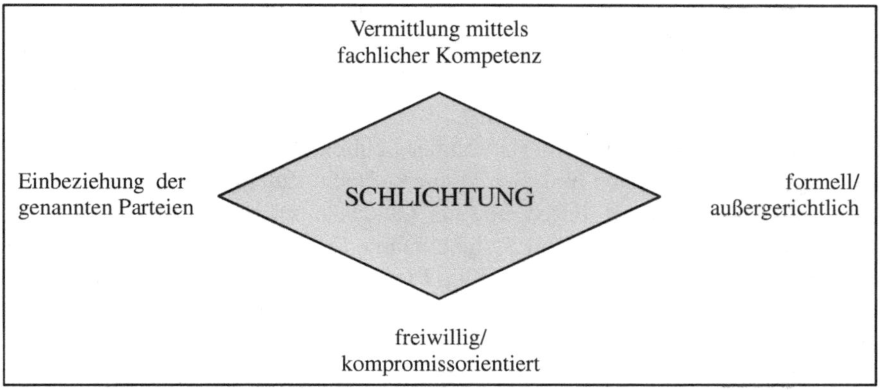

Abbildung 13: Merkmale des Schlichtungsverfahrens

Das Schlichtungsverfahren wird nach einem formellen Rahmen abgewickelt, welcher in der Schlichtungsordnung definiert ist. Die Schlichterin/der Schlichter fungiert einerseits als Vermittlerin/Vermittler und verfügt andererseits über fachliche Kompetenz für die Erarbeitung von Vorschlägen (Kompromisse) zur Lösungsfindung. Die Schlichterin/der Schlichter orientiert sich an den von den Konfliktbeteiligten eingebrachten Informationen und Darstellungen, und erörtert den Konflikt mit den Beteiligten zwecks Einigung. Die Schlichterin/der Schlichter hat keine Entscheidungsgewalt. Die Teilnahme an einem Schlichtungsverfahren ist für die Konfliktbeteiligten freiwillig. Das Verfahren kann zu jedem Zeitpunkt, einseitig oder im Einvernehmen der Konfliktbeteiligten, beendet werden. Wann wird der Weg mittels Schlichtungsverfahren gewählt?

- *In jeder Phase der Konflikteskalation (vgl. Abschnitt 4.5.2)*, so eine Schlichtung von einer/einem Beteiligten beantragt wird. In der Praxis kommt ein Schlichtungsverfahren bei außerbetrieblichen Konflikten zur Anwendung (z.B. zwischen Lieferantin/Lieferant und Kundin/Kunde, Vertrieb und Kundin/Kunde, Unternehmen und Behörde etc.).
- *Fachliche Lösungsfindung:* Mit fachlicher Unterstützung einer/eines Dritten (Schlichterin/Schlichter) wird eine Lösungsfindung der Konfliktthematik angestrebt; Lösungsvorschläge werden erarbeitet.
- *Vermeidung juristischer Instanzen:* als Alternative zu juristischen Schritten.

- *Elf Elemente im Konfliktbearbeitungsverfahren (vgl. Tabelle 1):* Die gewünschten Elemente für eine Konfliktbearbeitung stimmen mit jenen des Schlichtungsverfahrens überein.

Die Durchführung von Schlichtungsverfahren wird von Kammern und Interessenverbänden angeboten. Je nach Sachlichkeit des Konfliktes muss die jeweilige Landeskammer der Bundeswirtschaftskammer oder der jeweilige Verband kontaktiert werden, da von der Schlichterin/dem Schlichter eine sachliche Einbringung zur Konfliktlösung erwartet wird.

Beim außergerichtlichen Verfahren der Schlichtung stellt eine Beteiligte/ein Beteiligter ein Ansuchen um Schlichtung. Nach Zuteilung einer Schlichterin/eines Schlichters, z.B. durch eine der Landeskammern der Wirtschaftskammer, werden alle Beteiligten um Stellungnahmen bzw. Informationseinbringung ersucht. Wenn im Zeitraum von dreißig Tagen Stellungnahmen erfolgen, startet das Schlichtungsverfahren. Nach Ablauf dieser Frist oder nach Weigerung einer/eines Beteiligten zur Teilnahme an einem Schlichtungsverfahren, ist die Schlichtung gescheitert. Die Schlichterin/der Schlichter bringt sich sachlich, anders als die Mediatorin/der Mediator, in die Konfliktthematik ein.

Für Wirtschaftskonflikte wird um ein Schlichtungsverfahren bei der Wirtschaftskammer Österreich angesucht. Die Rahmenbedingungen eines Schlichtungsverfahrens (Schieds- und Schlichtungsordnung) für Konfliktbeteiligte, welche zum Zeitpunkt des Ansuchens um Schlichtung ihren Firmensitz in Österreich aufweisen, sind bei der Wirtschaftskammer abrufbar.[73] Für Schlichtungsverfahren, bei welchen zumindest eine Konfliktbeteiligte/ein Konfliktbeteiligter zum Zeitpunkt des Ansuchens um Schlichtung ihren/seinen Firmensitz außerhalb von Österreich aufweist, fungiert das „Vienna International Arbitral Centre“[74] (Internationales Schiedsgericht der Wirtschaftskammer Österreich) als Kontaktstelle.

5.1.3 Schiedsverfahren

Die Beteiligten sind nicht an einer eigenständigen Problembefassung interessiert.

> *„Schiedsgerichte sind keine staatlichen Organe, sondern private Rechtsprechungseinrichtungen. Sie beruhen auf privatrechtlicher Vereinbarung, dem Schiedsvertrag,*

73 http://portal.wko.at/wk/format_detail.wk?AngID=1&StID=517316&DstID=686 (abgerufen am 03.03.2012)

74 http://www.viac.eu/images/stories/documents/Schiedsordnung_2006_1.pdf (abgerufen am 04.03.2012)

in dem sich die Beteiligten zur Entscheidung bestimmter Streitigkeiten einem solchen Schiedsgericht unterwerfen.“[75]

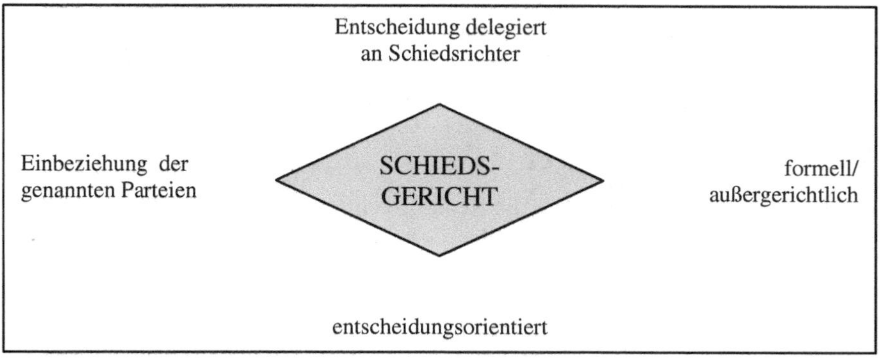

Abbildung 14: Merkmale des Schiedsverfahrens

Im Schiedsgerichtsverfahren wird die Entscheidungskompetenz an Dritte, in diesem Fall der Schiedsrichterin/dem Schiedsrichter, übergeben. Die Schiedsrichterin/der Schiedsrichter bzw. der Schiedsrichtersenat (drei Personen) wird von den Beteiligten in Abstimmung benannt. Das Schiedsverfahren startet mit Einbringung einer Klage einer Beteiligten/eines Beteiligten. Die Institution, bei welcher die Klage eingebracht wird (z.B. Wirtschaftskammer), tritt mit allen Beteiligten in Verbindung. Die Schiedsrichterin/der Schiedsrichter prüft die übermittelten Unterlagen der Konfliktbeteiligten, lädt zu Anhörungen (falls zur Sachverhaltsdarstellung erforderlich) und fällt einen Schiedsspruch. Der Weg einer Lösungsfindung mittels Schiedsverfahrens wird gewählt:

- Wenn eine *Entscheidung erforderlich* ist. Diese wird über einen Schiedsspruch angestrebt.
- Zur *Vermeidung juristischer Instanzen.*
- Wenn die *elf Elemente im Konfliktbearbeitungsverfahren (vgl. Tabelle 1),* mit jenen des Schiedsverfahrens übereinstimmen.

Für Wirtschaftskonflikte wird um ein Schiedsverfahren bei der Wirtschaftskammer Österreich angesucht. Die Rahmenbedingungen für ein Schiedsverfahren (Schieds- und Schlichtungsordnung) für Konfliktbeteiligte, welche zum Zeitpunkt des Anrufes des Schiedsgerichtes ihren Firmensitz in Österreich auf-

75 https://www.usp.gv.at/Portal.Node/usp/public/content/laufender_betrieb/rechtsquellen/schiedsgerichte/64365.html (abgerufen am 10.04.2012)

weisen, sind bei der Wirtschaftskammer abrufbar.[76] Für Schiedsverfahren, bei welchen zumindest eine Konfliktbeteiligte/ein Konfliktbeteiligter zum Zeitpunkt des Ansuchens um ein Schiedsurteil ihren/seinen Firmensitz außerhalb von Österreich aufweist, fungiert das „Vienna International Arbitral Centre".[77] (Internationales Schiedsgericht der Wirtschaftskammer Österreich) als Kontaktstelle.

5.1.4 Gerichtsverfahren

Das Gerichtsverfahren vollzieht die Rechtsprechung auf Basis der Gesetzgebung nach dem Zivilrechtsgesetz für Handelssachen.

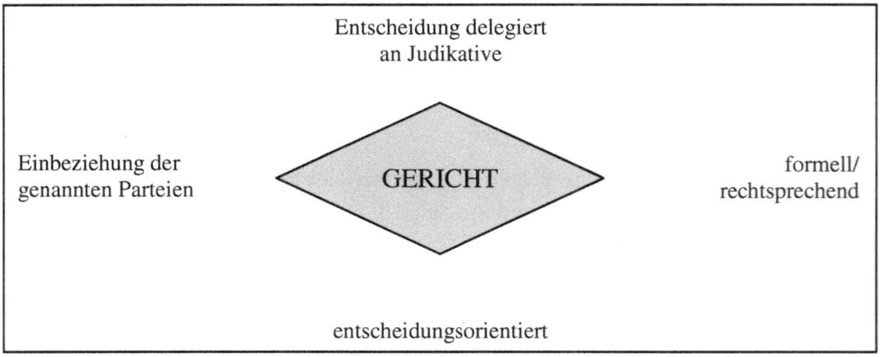

Abbildung 15: Merkmale des Gerichtsverfahrens

Die Einbringung einer Klage erfolgt, abhängig der Streitsumme, beim zuständigen Bezirksgericht bzw. Landesgericht. Das Verfahren wird auf gesetzlicher Grundlage abgewickelt. Die von der Klägerin/dem Kläger genannten Beteiligten (Beklagten) müssen nach Maßgabe der Richterin/des Richters am Verfahren teilnehmen. Das Verfahren endet mit einem Gerichtsurteil oder wird im Instanzenweg weiter bestritten. Bandion-Ortner, Bundesministerin für Justiz a.D., formuliert hierzu:

> *„Viele Aspekte, die für die Lösung eines Konflikts und die Fortführung gemeinsamer wirtschaftlicher Projekte wichtig wären, können vor Gericht nicht mehr ausreichend Beachtung finden. Meist ist so viel Emotion im Spiel, dass der Blick der Streitparteien auf Gemeinsamkeiten und Lösungsmöglichkeiten längst verstellt ist. Am Ende*

76 http://portal.wko.at/wk/format_detail.wk?AngID=1&StID=517316&DstID=686 (abgerufen am 04.03.2012)

77 http://www.viac.eu/images/stories/documents/Schiedsordnung_2006_1.pdf (abgerufen am 04.03.2012)

solcher Verfahren steht dann ein Urteil, das zwar auf Basis der Sachlage korrekt ist, aber nicht selten die Zukunft einer großartigen Geschäftsidee zerstört.“[78]

Als Folge eines juristischen Verfahrens ist das Verhältnis im Unternehmen (zwischen Vertriebsmitarbeiterinnen/Vertriebsmitarbeitern bzw. dem Unternehmen und den Kundinnen/Kunden bzw. den Geschäftspartnerinnen/Geschäftspartnern) gestört. Zumindest eine Seite der Konfliktbeteiligten ist mit dem Urteil nicht zufrieden. In vielen Fällen trifft dies auf alle am Konflikt Beteiligten zu. Konflikte mittels der Judikative einer Lösung zuzuführen, ergibt eine formal rechtlich korrekte Entscheidung, welche für alle Beteiligten bindend ist. Wenn ein Urteil gefällt wurde, und eine/ein oder mehrere Beteiligte mit diesem nicht einverstanden sind, bleibt als Option der weitere Instanzenweg oder die Schließung eines Vergleichs. Eine anderweitige (außergerichtliche) Lösung ist sodann verwehrt. Unabhängig, in welcher Instanz ein Urteil gefällt wird, wird die Sachlage geklärt. Die Emotionen und Interessen der Beteiligten haben keinen Stellenwert im Verfahren.

5.2 Unternehmensinterne Konfliktmittlung

Die externe Klärungshelferin/der externe Klärungshelfer ist nicht Teil der Organisation. Sie/Er hat den Vorteil einer, von außerhalb der Organisation, neutralen Sichtweise der existenten Situationen.

> *„Der **interne** Klärungshelfer sieht sich hingegen einer anderen Konstellation von Vor- und Nachteilen gegenüber. Er kennt das Unternehmen, die Strukturen, Probleme, Stimmungen, Strategien, Gepflogenheiten, Grenzen, Tabus, Historie und Ertragslage der Institution sehr viel besser als ein Externer. Gleichzeitig hat er aber auch alle Nachteile, die es mit sich bringen, Teil dieses Systems zu sein, und die es ihm erschweren, sich bei der Auftragsannahme und Durchführung einer Klärung unabhängig und frei zu verhalten.“*[79]

Für interne Konfliktmittlerinnen/Konfliktmittler kommen Themen wie Betriebsblindheit und Autoritätsproblematik hinzu.

78 Stalzer, U.: Wege zur Kooperation, Wirtschaftsmediation bei Wirtschaftstreuhändern in 21 Fallbeispielen; Wien: 2010, S. III

79 Thomann, C.: Klärungshilfe 2, Konflikte im Beruf: Methoden und Modelle klärender Gespräche, hrsg. von Schulz von Thun, F., 3. Auflage; Reinbek bei Hamburg: 2008, S. 90

Folgende fünf Kompetenzen sind für die unternehmensinterne Konfliktmittlung von Relevanz: [80]

Scharfblick für das Negative:

Die Konfliktmittlerin/der Konfliktmittler muss einen Blick dafür haben, was schlecht läuft bzw. beginnt, sich schlecht zu entwickeln. Sie/Er muss die aufkeimenden oder bestehenden Konflikte auf den persönlichen, zwischenmenschlichen, inhaltlichen und strukturellen Ebenen durchleuchten und eine realistische Einschätzung der Situation vornehmen.

Offenheit:

Situationen und Personen werden von der Konfliktmittlerin/dem Konfliktmittler nicht bewertet. Vorurteile und Klischeedenken sind, in der Rolle der Prozessführung, ausgeschlossen.

Freiheit der Methode:

Die sachliche Freiheit liegt bei den Konfliktbeteiligten. Die Konfliktmittlerin/der Konfliktmittler hat die Freiheit und Verpflichtung, die Methode der Konfliktbearbeitung eigenständig zu wählen, und die Kompetenz, diese Methoden in der Praxis umzusetzen und anzuwenden.

Backgroundwissen:

Die Konfliktmittlerin/der Konfliktmittler ist in Bezug auf Strukturen, Abläufe und Hierarchien im Unternehmen informiert. Als weitere Voraussetzung muss das Wissen betreffend methodischer Konfliktbearbeitung (z.B. Harvard-Konzept, Gewaltfreie Kommunikation nach Marshall B. Rosenberg, Mediation) und sozialer Interaktion (soziale Kompetenz, emotionale Intelligenz) vorhanden sein.

Authentizität:

Die Konfliktmittlerin/der Konfliktmittler muss Authentizität in ihrer/ seiner Tätigkeit ausstrahlen. Ehrlichkeit und Offenheit werden von den Konfliktbeteiligten eingefordert. Die Konfliktmittlerin/der Konfliktmittler identifiziert

---

80 Thomann, C.: Klärungshilfe 2, Konflikte im Beruf: Methoden und Modelle klärender Gespräche, hrsg. von Schulz von Thun, F., 3. Auflage; Reinbek bei Hamburg: 2008, S. 38 f

sich mit dem Konfliktverlauf und nicht mit der Sachlichkeit des Konfliktes und den beteiligten Personen.

Die elf Elemente des Konfliktbearbeitungsverfahrens (vgl. Abschnitt 5), kommen je nach Profession der Konfliktmittlerin/des Konfliktmittlers zur Berücksichtigung (vgl. Tabelle 2).

Tabelle 2: Elf Elemente der unternehmensinternen Konfliktmittlung

	Personalabteilung	Arbeitnehmer-vertretung	Stabstelle
Freiwilligkeit	√	√	√
Allparteilichkeit	(√)	(√)	√
Neutralität	√	√	√
Vertraulichkeit	√	√	√
Offenheit	---	---	√
Eigenverant-wortlichkeit	√	√	√
Zeitrahmen-definition	√	√	√
Fachlichkeit	√	√	---
Entscheidungs-gewalt	---	---	---
Ethik	√	√	√
Konfliktmittler/ Konfliktmittlerin	(√)	(√)	√

Legende zu Tabelle 2:

√ .... *Element trifft im Verfahren Berücksichtigung*
(√) .... *Element trifft im Verfahren teilweise Berücksichtigung*
--- .... *Element trifft im Verfahren keine Berücksichtigung*

Die/Der unternehmensinterne Prozessführerin/Prozessführer ist als zusätzliche Profession in einer Abteilung (Personalabteilung, Arbeitnehmervertretung) etabliert oder als Stabsstelle im Unternehmen verankert.

5.2.1 Personalabteilung

Die Personalabteilung beschäftigt sich, nach der klassischen Aufgabenbeschreibung, mit der Personalplanung und Personalführung. Die geschichtliche Entwicklung zeigt, dass sich die Aufgaben des Personalmanagements einem Wandel unterzogen haben (vgl. Abbildung 16).

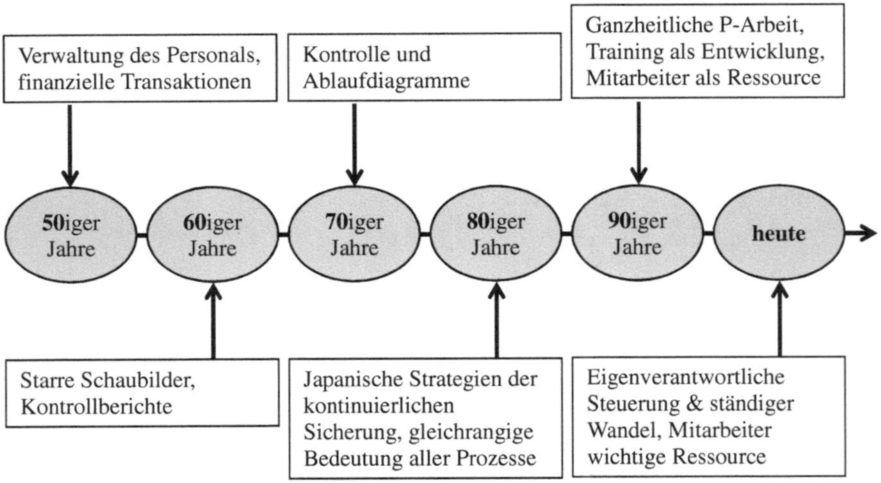

Abbildung 16: Historische Entwicklung Personalmanagement

Quelle: Buchester, S./Zaharia, S.I.: Organisation und Personal; WWEDU: 2005; eigene Darstellung; Wien: 2012; eigene Darstellung; Wien: 2012

Ausgehend vom reinen Ausführungs- bzw. Verwaltungsorgan besteht die Aufgabe des Personalmanagements heute, unter den Rahmenbedingungen des ständigen Wandels der Anforderungen an dispositive und ausführende Arbeitsleistungen, in der eigenverantwortlichen Steuerung. Die Arbeitsleistung gilt heute als ein wesentlicher, meiner Meinung nach als der wesentlichste Produktionsfaktor und stellt die wichtigste Ressource im Unternehmen dar.

Die Sicherstellung der Arbeitsleistung mittels der Ressource Arbeitskraft, als Aufgabe des Personalmanagements, bedingt den konstruktiven Umgang mit Konflikten, mit welchen Mitarbeiterinnen/Mitarbeiter firmenintern konfrontiert sind.

Die Etablierung der Fachkompetenz Konfliktbearbeitung in der Personalabteilung erfolgt in der Funktion einer Mitarbeiterin/eines Mitarbeiters der Personalabteilung oder als Zusatzqualifikationen des Personalmanagements. Der Umfang dieser Angebote ist von der Größe des Unternehmens einerseits, und andererseits von der Bereitstellung von Kapazitäten für die Konfliktbearbeitung abhängig. Die Kombination von Personalleitung (verantwortlich für die strategische Planung der Ressource Personal) und interne Konfliktmittlung in Personalunion ist nicht zielführend. Die Akzeptanz der Personalleitung als Konfliktmittlerin/Konfliktmittler ist bei den Beteiligten tendenziell eingeschränkt und folglich Offenheit in der Konfliktbearbeitung nur bedingt gegeben. Denn Rückschlüsse von den Handlungsweisen der Beteiligten in der Konfliktbearbeitung auf nachfolgend strategische Personalentscheidungen durch die Personalleitung sind nicht auszuschließen.

Gleich dem Personalmanagement dient die Funktion der Betriebsrätin/des Betriebsrates als Anlaufstelle für persönliche und soziale Probleme der Belegschaft eines Unternehmens.

5.2.2 Arbeitnehmervertretung

Die Aufgaben der Arbeitnehmervertretung in Unternehmen sind vom ÖGB (Österreichischer Gewerkschaftsbund) wie folgt definiert:[81]

Sie setzen sich für lebbare Arbeitsbedingungen ein: z.B. Dienstpläne, die Betreuungsverpflichtungen berücksichtigen und Familie und Beruf leichter vereinbaren lassen.

Sie kontrollieren die Einhaltung der Gesetze, Kollektivverträge und Betriebsvereinbarungen: z.B. Pausenregelungen bei Bildschirmarbeit, Ersatzruhezeiten, nehmen ihr Mitspracherecht bei Versetzungen und Kündigungen war.

Sie achten darauf, dass mit Konflikten im Betrieb konstruktiv umgegangen wird: z.B. klare Rahmenbedingungen durch Betriebsvereinbarungen, Vermittlungsgespräche, beiziehen von Mediatorinnen/Mediatoren und Mobbingberaterinnen/Mobbingberater.

Sie erkämpfen mit der Solidarität der Belegschaft und mit Unterstützung der Gewerkschaft bessere Ergebnisse bei Verhandlungen: z.B. bei Lohn und Gehalt, Arbeitszeitmodelle, die nicht zum Nachteil der Kolleginnen und Kollegen ausufern.

Sie achten auf ein gutes Betriebsklima und fördern ein Miteinander im Unternehmen: z.B. mit Betriebsausflügen und anderen sozialen Aktivitäten.

Die Betriebsrätin/der Betriebsrat vertritt die Interessen der Arbeitnehmerinnen und Arbeitnehmer im Unternehmen. Die definierten Aufgaben der Betriebsrä-

81 Vgl.: http://www.betriebsraete.at/servlet/ContentServer?pagename=ANV/Page/Index&n=ANV_22.b (abgerufen am 04.03.2012)

tin/des Betriebsrates mit den klaren Zielen, auf den konstruktiven Umgang mit Konflikten und auf ein gutes Betriebsklima zu achten, qualifizieren diese Funktion scheinbar als Konfliktmittlerin/Konfliktmittler für unternehmensinterne Konflikte. Die Betriebsrätin/der Betriebsrat fungiert aber auch als Vermittlerin/Vermittler zwischen dem Mitarbeiterstab und dem Unternehmensmanagement. Dies birgt Konfliktpotenzial in sich, da auch die Akzeptanz der Betriebsrätin/des Betriebsrates als überparteiliche/r Konfliktmittlerin/Konfliktmittler nicht automatisch gegeben ist.

Gleich der Rolle der Personalleitung ist auch die Betriebsrätin/der Betriebsrat in strategische Entscheidungen der Unternehmensführung zumindest involviert. Eine neutrale Sichtweise auf die Konfliktbeteiligten ist für die Arbeitnehmervertretung schwer umzusetzen.

Die neutrale Sichtweise einer Prozessführerin/eines Prozessführers erhält dann Akzeptanz, wenn diese Funktion mit keinen weiteren Funktionen im Unternehmen in Personalunion ausgeführt wird. Dies ist gewährleistet, wenn die Prozessführerin/der Prozessführer als Stabsstelle in der Organisation eingegliedert ist.

5.2.3 Stabsstelle

Die Mitarbeiterinnen/Mitarbeiter einer Stabsstelle besitzen selbst keine Entscheidungsrechte, sondern sind Beratungs-, Informationsauswertungs- oder Planungsgruppen leitenden Positionen im Unternehmen beigestellt.

Konfliktmittlerinnen/Konfliktmittler haben eine eigenständige Position im Unternehmen inne und agieren in der Rolle der Prozessführung allparteilich und unabhängig. Nachdem sie nicht in die produktiven Arbeitsprozesse und in die strategischen Entscheidungsprozesse der Unternehmensführung eingebunden sind, werden sie von den Konfliktbeteiligten als Vermittlerinnen/Vermittler akzeptiert.

In der Konfliktbearbeitung, mittels der Prozessbegleitung durch die Konfliktmittlerin/dem Konfliktmittler als Stabsstelle, kommen die Elemente der unternehmensinternen Konfliktmittlung (vgl. Tabelle 2), ausgenommen der Fachlichkeit und der Entscheidungsgewalt, zur Berücksichtigung. Die Prozessführerin/der Prozessführer bringt keinen fachlichen Input in die Konfliktthematik ein und agiert als unabhängige Stelle ohne Entscheidungsgewalt in der Sache. Das Rollenbild der Konfliktvermittlerin/des Konfliktvermittlers als Stabsstelle entspricht dem Verständnis einer Mediatorin/eines Mediators, ausgenommen der Bekanntheit im Unternehmen. Hieraus ergeben sich Vorbehalte der Konfliktbeteiligten gegenüber der Konfliktmittlerin/dem Konfliktmittler, welche die Offenheit in der Gesprächsführung einschränken. Zusätzlich muss vorausgesetzt werden, dass die Stabsstelle unabhängig, ohne Vorgaben des Unternehmensmanagements, agiert.

Der Verfahrensablauf in der Konfliktbearbeitung ist in acht Verfahrensschritte unterteilt (vgl. Tabelle 3), welche die Klärung, Abwicklung und Evaluierung der Konfliktbearbeitung aufzeigen.

Tabelle 3: Verfahrensablauf Klärungsunterstützung Stabsstelle

Verfahrensschritte	Tätigkeit
1. Anfrage	Mitglieder des Managements, Mitarbeiter/Mitarbeiterinnen stellen eine Anfrage an den Konfliktmittler/ der Konfliktmittlerin
2. Evaluierung	Der Konfliktmittler/die Konfliktmittlerin evaluiert die Anfrage auf die Relevanz einer Bearbeitung
3. Info Hierarchie	Der Konfliktmittler/die Konfliktmittlerin informiert und klärt eine mögliche Konfliktbearbeitung mit den der Konfliktbeteiligten übergeordneten Stellen
4. Prozessplanung	Planung des Zeitrahmens der Konfliktbearbeitung und der erforderlichen Kapazitäten (Arbeitszeit, Räumlichkeiten) in Abstimmung mit den Beteiligten
5. Konfliktbearbeitung	Durchführung der Konfliktbearbeitung
6. Vereinbarung	Erstellung einer Abschlussvereinbarung der Beteiligten über den Konsens der Lösungsfindung
7. Reporting	Berichterstattung an das Management in der Hierarchie
8. Nachbearbeitung	Der Konfliktmittler/die Konfliktmittlerin evaluiert mit den Beteiligten die Abschlussvereinbarung

Anfrage:

Die Stabsstelle erhält eine Anfrage für eine Konfliktbearbeitung, für welche die Rolle einer/eines unparteiischen Dritten gewünscht wird. Diese Anfrage kann von Mitarbeiterinnen/Mitarbeitern oder Mitgliedern des Unternehmensmanagements gestellt werden.

Evaluierung:

Die Konfliktmittlerin/der Konfliktmittler prüft die Anfrage inhaltlich, thematisch und in Bezug auf die am Konflikt beteiligten Personen. Eine Anfrage, welche als Ziel eine Änderung der Organisation oder einer Stelle im Unternehmen betrifft, muss von der Stabsstelle abgelehnt und an die Verantwortlichkeiten in der Unternehmensführung verwiesen werden.

Info Hierarchie:

Wenn eine Anfrage inhaltlich das Potenzial für eine Konfliktbearbeitung und eine konsensuale Lösungsfindung aufweist, informiert bzw. klärt die Stabsstelle die Bearbeitung mit den der Konfliktbeteiligten übergeordneten Stellen in der Unternehmenshierarchie.

Prozessplanung:

Mit den in der Konfliktbearbeitung involvierten Personen werden die Rahmenbedingungen (voraussichtliche Verfahrensdauer, Sitzungen für die Konfliktbearbeitung) abgeklärt. Die elf Elemente der unternehmensinternen Konfliktmittlung (vgl. Abbildung 17) werden mit den Konfliktbeteiligten besprochen.

Konfliktbearbeitung:

Die produktive Konfliktbearbeitung wird nach den Regeln der Mediation abgewickelt. Die Phasen der Mediation sind die Gesprächseinleitung, die Darstellung der Sichtweisen, die Konflikterhellung/Vertiefung, die Problemlösung und die Übereinkunft;[82] sie dienen als Grundlage für die Sitzungen in der Konfliktbearbeitung. Die Konfliktbearbeitung kann, auf Basis der Freiwilligkeit, zu jeder Zeit von den Konfliktbeteiligten oder der Prozessführerin/dem Prozessführer abgebrochen werden.

Vereinbarung:

Die Übereinkunft (konsensuale Lösungsfindung) wird in einer Vereinbarung definiert und von den Konfliktbeteiligten unterzeichnet. Gleichfalls wird in der Vereinbarung die Nachevaluierung festgehalten und terminlich fixiert.

Reporting:

Die Konfliktmittlerin/der Konfliktmittler kommuniziert die Abschlussvereinbarung an die Personen in der Unternehmenshierarchie, mit welchen im Vorfeld die Verfahrensabklärung durchgeführt wurde. Im Falle eines Abbruchs der Konfliktbearbeitung ergeht diese Information gleichfalls an die genannten Personen.

---

82 Vgl. Besemer, C.: Mediation, Vermittlung in Konflikten, 9. Auflage; Baden: 2002, S. 15

Nachbearbeitung:

Entsprechend der Festlegung in der Übereinkunft erfolgt die Evaluierung mit den Unterzeichnerinnen/Unterzeichnern der Übereinkunft die Umsetzungsphase betreffend.

Für eine nachhaltige Entwicklung sind entsprechend dem Funktionszyklus (vgl. Abschnitt 2.15) präventive Aspekte in der Konfliktbetrachtung und -bearbeitung zu berücksichtigen. Diese Aspekte müssen von den Mitarbeiterinnen/Mitarbeitern in der Vertriebsorganisation, der Vertriebsleitung und der/dem unternehmensinternen Konfliktmittlerin/Konfliktmittler beachtet werden.

6 Prävention

Die Prävention als Vorbeugung versteht sich in Bezug auf die Hypothese als Bewusstseinsbildung die Sichtweise von Konflikten betreffend. Sie ist eine Chance der Entwicklung im Unternehmen. Grundlegende Skills, wie Sensibilisierung für Spannungsfelder bzw. Konfliktsituationen und Konfliktbeteiligungsstrukturen, werden dem Unternehmensmanagement und Mitarbeiterinnen /Mitarbeitern nahegebracht.

> *„Auch der Kunde wird im Unternehmen immer weniger als Kunde betrachtet, sondern mehr und mehr als Partner.“*[83]

Für eine produktive Konfliktbearbeitung muss die Kundin/der Kunde als gleichberechtigte Partnerin/gleichberechtigter Partner für eine Lösungsfindung angesehen werden.

Konflikte und deren Lösung sind im Vertrieb ein Bestandteil des täglichen Arbeitsprozesses. Einerseits ist es die Aufgabe des Mitarbeiterstabes im Vertrieb, die Interessen und Anforderungen der Kundschaft zu erfüllen, und andererseits die Interessen und Ziele des eigenen Unternehmens zu wahren.

Die Vertriebsorganisation muss eine nachhaltige Kundenbindung sicherstellen sowie eine Absatz- bzw. Umsatzoptimierung gewährleisten. Die Erfüllung dieser Ansprüche schließt einander nicht aus, resultiert aber in Spannungsfelder und Konfliktherde. Die Perzeption dieser Gegebenheiten, seitens der Mitarbeiterinnen und Mitarbeiter des Vertriebs und des Vertriebsmanagements, ist die Grundlage für eine konstruktive Konfliktbearbeitung.

6.1 Grundsätzliche Anforderungen an konstruktive Konfliktlösungen

Die Elemente des konstruktiven Umgangs mit Konflikten müssen in der Einstellung der handelnden Personen verankert sein. Unterschiedliche Einstellungen zum Umgang mit Konflikten führen zu unterschiedlichen methodischen Ansätzen und folglich wieder zu Konflikten. Diese Elemente müssen als Grundsätze für die methodische Herangehensweise zur Konfliktlösung angesehen werden. Eine traditionelle Methode der „Ankündigung von Sanktionen“ schließt z.B. zwangsläufig das konstruktive Element „Gemeinsame Sprache statt vollendete Tatsachen“ aus. Die grundsätzlichen Anforderungen, als Elemente des konstruk-

83 Geffroy, E.K.: Das einzige, was immer noch stört, ist der Kunde, Kundenerfolge statt Verkaufserfolge; Landsberg/Lech: 1999, S. 347

tiven Umgangs (vgl. Tabelle 4), müssen in den Einstellungen und methodischen Ansätzen der handelnden Personen Beachtung finden.

Tabelle 4: Anforderungen an konstruktive Konfliktlösungen

Traditionelle Methoden	Elemente des konstruktiven Umgangs
Ignorieren, bagatellisieren, verdecken	Die grundsätzliche Sichtweise für Konfliktlösungen ändern
Zwangs-, Einschüchterungs- und Drohstrategien	Auf Androhung von Sanktionen und Einsatz von verbaler Gewalt verzichten
Ankündigung von Sanktionen	Die eigene Wahrnehmung nicht als die alleinige Richtige vertreten
Androhung von Sanktionen und Einsatz von verbaler Gewalt	Wenn nötig eine dritte Partei miteinbeziehen
Appell an ethische Werte und Überzeugungen	Gemeinsame Gespräche statt vollendete Tatsachen
Die Trennung der Konfliktparteien	Lösungen an den Interessen aller Beteiligten und denen, die die Folgen zu tragen haben, orientieren

Quelle: http://www.friedenspaedagogik.de/themen/konstruktive_konfliktbearbeitung/konflikt_begriff_und_elemente/grundsaetzliche_anforderungen_an_konstruktive_konfliktloesungen (abgerufen am 28.02.2012) ; eigene Darstellung; Wien: 2012

Für eine konstruktive Konfliktbearbeitung müssen die sechs Elemente des konstruktiven Umgangs in den Handlungsweisen umgesetzt werden:

Die grundsätzliche Sichtweise für Konfliktlösungen ändern:

Konflikte entstehen, wenn unterschiedliche Meinungen, Sichtweisen oder Vorstellungen, die die Grundlage für Entwicklung im Unternehmen sind, auftreten. Wenn alle an einer Aufgabe beschäftigten Personen idente Meinungen, Sichtweisen und Vorstellungen haben, gibt es keine Entwicklung. Ohne Diskurs erfolgt kein Fortschritt. Konflikte bewirken, wenn sie wahrgenommen und konstruktiv bearbeitet werden, Fortschritt und Entwicklung für Personal und Unternehmen. Ein Konflikt bedeutet nicht zwangsläufig ein Ereignis mit Gewinnerinnen/Gewinnern und Verliererinnen/Verlierern. Eine konsensuale Lösungsfindung bewirkt Gewinn für alle Beteiligten.

Auf Androhung von Sanktionen und Einsatz von verbaler Gewalt verzichten:

Wenn Drohungen und Sanktionen innerhalb eines Geschäftsfalls oder einer Situation kurzfristig zu einem für einen Beteiligten gewünschten Ergebnis führen, ist die nachfolgende Kommunikation oder Geschäftsbeziehung gestört oder zerstört. In einem kooperativen, konstruktiven Umgang müssen die Konsequenzen jeder Handlung thematisiert und sachlich besprochen werden. Welche Folgen hat meine Handlungsweise für die Beteiligten? Welche Konsequenzen hat die Handlungsweise der Beteiligten für meine Tätigkeit, für meine Aufgabe, für meine Zielerreichung?

Die eigene Wahrnehmung nicht als die alleinige richtige vertreten:

Die Wahrnehmung einer Situation formt das subjektive Bild der Situation. Habe ich alle relevanten Faktoren in der Kommunikation wahrgenommen? Habe ich eine andere Wahrnehmung als mein Gegenüber? Bei eskalierenden Konflikten wird dazu geneigt, den Fokus lediglich auf die Wahrnehmung der für das jeweilige Individuum relevanten Faktoren und Aussagen zu richten; Empathie geht verloren.

Wenn nötig eine dritte Partei miteinbeziehen:

Wenn Empathie nicht mehr vorhanden ist, fehlt das Verständnis für das Gegenüber. Die Interessen der/des Anderen sind nicht mehr Bestandteil der subjektiven Realität. Zwei oder mehrere unterschiedliche Standpunkte (Realitäten) prallen aufeinander. Zur Wiederherstellung einer gemeinsamen Realität trägt die Unterstützung einer/eines Dritten bei, wenn der Wille zu einer kooperativen Lösung gegeben ist. Diese Rolle des Dritten wird unternehmensintern (vgl. Abschnitt 5.2) oder mit unternehmensexterner Besetzung (vgl. Abschnitt 5.1) wahrgenommen.

Gemeinsame Gespräche statt vollendete Tatsachen:

Die Schaffung und Kommunikation von Tatsachen wirkt eskalierend auf den Konfliktverlauf. Klärende Gespräche führen zu nachhaltigen Konfliktlösungen.

Lösungen an den Interessen aller Beteiligten und denen, die die Folgen zu tragen haben, orientieren:

Die Lösungsfindung und die Findung von Lösungsansätzen dürfen nicht egozentrisch erfolgen. Lösungen, die sich am Standpunkt und den Interessen nur einer beteiligten Person orientieren, dienen keiner konstruktiven Konfliktbearbeitung. Es müssen die Interessen aller am Konfliktverlauf Beteiligten berücksichtigt werden. Im Falle einer konsensualen Lösungsfindung folgt die Umsetzung der getroffenen Vereinbarungen. Die zielführende Umsetzung des Vereinbarten bedingt die Mitarbeit aller an der Konfliktbearbeitung Beteiligten und mit den Folgen der Vereinbarungen konfrontierten Personen, Abteilungen, Unternehmen. Die zusätzlich für die Umsetzung erforderlichen Personen müssen in die Konfliktbearbeitung miteinbezogen oder deren Zustimmung zu den Umsetzungsschritten (vgl. Abschnitt 6.3) eingeholt werden.

6.2 Kalter, heißer Konflikt

Die Existenz eines Spannungsfeldes oder Konfliktes ist offensichtlich oder verdeckt, nicht wahrnehmbar. Ausgetragene Konflikte, als „heiße Konflikte" bezeichnet, sind präsent und leicht wahrnehmbar. Schlummernde Konflikte, als „kalte Konflikte" bezeichnet, sind schwer zu orten und als solche zu identifizieren.

Christoph Thomann, Psychotherapeut und Systemberater, konstatiert zum Thema „kalter Konflikt":

> *„Die schwierigste Anfrage entsteht bei einem kalten Konflikt. Die Klärungshilfe wird natürlich nicht von einer der Konfliktparteien angefragt und schon gar nicht von dem, der den kalten Krieg führt. Meistens kommt die Anfrage vom Chef oder von anderen Mitarbeitern. Das Schwierige ist, dass derjenige, der sich in die Kälte zurückgezogen hat, nie zugeben würde, dass es überhaupt einen Konflikt gibt, dass er verletzt, eingeschnappt etc. ist. Da dann nachzufragen, Kontakt herzustellen und den Konflikt ins Heiße zurückzuführen ist nicht leicht."*[84]

Bewusstseinsbildung für die Existenz von kalten Konflikten kann über Sensibilisierungsmaßnahmen für Spannungsfelder in sozialen Gefügen beim Vertriebsmanagement erzeugt werden.

6.3 Struktur der Konfliktbeteiligung

Es muss beachtet werden, dass alle am Konflikt direkt beteiligten Personen in die Konfliktbearbeitung involviert werden. In der Außenwirkung des Konfliktverlaufes können weitere Stakeholder mit den Auswirkungen eines Konfliktes

---

84 Thomann, C.: Klärungshilfe 2, Konflikte im Beruf: Methoden und Modelle klärender Gespräche, hrsg. von Schulz von Thun, F., 3. Auflage; Reinbek bei Hamburg: 2008, S. 32

bzw. in der Umsetzung einer Lösungsvereinbarung (vgl. Abbildung 17) betroffen sein.

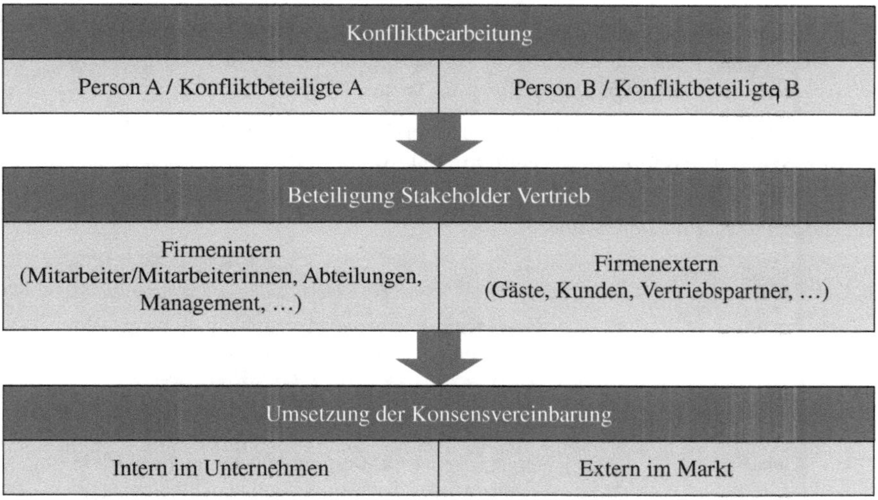

Abbildung 17: Struktur der Konfliktbeteiligung

Die Konfliktbearbeitung erfolgt mit den Personen, welche im Fall der Eskalation direkt betroffen sind. Mit unternehmensinterner Konfliktbearbeitung oder im Konfliktbearbeitungsverfahren (z.B. Mediation) werden Lösungen erarbeitet, welche auf weitere Stakeholder des Konflikts einwirken. Stakeholder werden entweder in die produktive Konfliktbearbeitung miteinbezogen oder Auswirkungen auf diese müssen einer Klärung zugeführt werden. Eine Lösungsfindung im Konsens führt dann zu keiner nachhaltigen Entwicklung, wenn in der Umsetzungsphase neuerlich Spannungsfelder generiert werden.

6.4 Managementaufgabe

Ein Artikel aus dem *Wirtschaftsblatt* vom 17.02.2012 hatte folgende Headline: *„Chefs sollten wissen, wie der Mitarbeiter tickt"*.[85] Zusätzlich dazu muss das Vertriebsmanagement wissen, wie seine Kundinnen/Kunden ticken. Die Managementtrainerin Mahler vertritt die Ansicht, dass ein Wissen über Grundlagen der Psychologie den Führungsalltag erleichtert. Das Vertriebsmanagement hat die Aufgabe, den Vertriebsstab in Themen der fachlichen Vertriebskompetenz

85 Mahler, U.: Wirtschaftsblatt; Wien: 17.02.2012

zu führen und zu schulen, und auf die jeweiligen individuellen Persönlichkeiten im Mitarbeiterstab und der Kundenstruktur einzugehen.

Die Persönlichkeitstheorien sind Thema der Psychologie.

> *„Es gibt nur fünf grundlegende Dimensionen (im Originaltext kursiv), die den Eigenschaftsbegriffen zugrunde liegen, mit welchen Menschen sich und andere beschreiben (Norman, 1963, 1967; Tupes & Christal, 1961).“*[86]

Eine Grundlage für die Einteilung von Persönlichkeiten und deren Verhaltensweisen bzw. Charaktere, stellt das Fünf-Faktoren-Modell (vgl. Tabelle 5) dar.

Tabelle 5: Das Fünf-Faktoren-Modell

Faktor	Bipolare Definition
Extraversion	Gesprächig, energiegeladen und durchsetzungsfähig versus ruhig, zurückhaltend und schüchtern
Verträglichkeit	Mitfühlend, freundlich und herzlich versus kalt, streitsüchtig und unbarmherzig
Gewissenhaftigkeit	Organisiert, verantwortungsbewusst und vorsichtig versus sorglos, leichtsinnig und verantwortungslos
Neurotizismus	Stabil, ruhig und zufrieden versus ängstlich, instabil und launisch
Offenheit für Erfahrungen	Kreativ, intellektuell und offen versus einfach, oberflächlich und nicht intelligent

Quelle: Vgl. Gerrig, R.J./Zimbardo P.G.: Psychologie, 18. aktualisierte Auflage;München: 2008, S. 509; eigene Darstellung; Wien: 2012

> *„Diese fünf Dimensionen der Persönlichkeit werden heute als* ***Fünf-Faktoren-Modell*** *bezeichnet, oder informell auch als Big Five (im Originaltext kursiv) (McCrae & Costa, 1999).“*[87]

Das Vertriebsmanagement stuft Mitarbeiterinnen und Mitarbeiter mittels der fünf Persönlichkeitsfaktoren ein und leitet hieraus deren Handlungsweisen ab. Die unterschiedlichen Dimensionen (Ausprägungen) der Persönlichkeit bewirken unterschiedliche Handlungsweisen in der sozialen Interaktion und einen unterschiedlichen Umgang mit Spannungsfeldern und eskalierenden Konflikten.

Das Wissen über Persönlichkeitstheorien, als Grundlage der Psychologie, und dessen Anwendung im Führungsalltag, bewirkt die Entwicklung von Empathie. Dies erleichtert den Umgang und das Eingehen auf Mitarbeiterinnen und

---

86 Gerrig, R.J./Zimbardo, P.G.: Psychologie, 18., aktualisierte Auflage; München: 2008, S. 509

87 Ebd., S. 509

Mitarbeiter und verbessert das soziale Bewusstsein bzw. das Beziehungsmanagement (vgl. Abschnitt 3).

Aspekte der Konfliktbetrachtung bzw. -bearbeitung sind für alle Mitarbeiterinnen/Mitarbeiter der Vertriebsorganisation von Relevanz. Spezifisch ist die Managementaufgabe für den Führungsstab im Vertrieb zu betrachten. Für eine nachhaltige Entwicklung im Vertrieb muss die Ablauforganisation im Unternehmen bzw. in der Organisation Maßnahmen zur Weiterentwicklung fördern. Voraussetzung dafür ist die Betrachtung des Unternehmens als lernende Organisation. Thematisch wiederkehrende Konfliktsituationen werden vermieden oder deren Aufarbeitung beschleunigt. Die Betrachtung von Spannungsfeldern wird mittels Erfahrung und Lerneffekt erleichtert.

7 Lernende Organisation

Die produktive Konfliktbearbeitung anhand mediativer Grundsätze ist ein Prozess, welcher die Ressource Arbeitsleistung in Anspruch nimmt. Für den konkreten Anlassfall führt dies zu einer konsensualen Lösungsfindung für eine zukunftsorientierte und weiterführende Kooperation. Über den konkreten Anlassfall hinaus müssen erlangtes Wissen und Erfahrungen in die Vertriebsorganisation einfließen und so einen Lerneffekt gewährleisten. Dies führt zu einer steigenden Resilienz der Vertriebsstruktur und der Vertriebsprozesse gegenüber Konfliktsituationen. Die Organisation agiert proaktiv, anstatt punktuelles Krisenmanagement zu betreiben.[88]

> *„Das Grundmerkmal einer Lernenden Organisation besteht darin, dass ein Unternehmen ständig die eigenen Fähigkeiten und Kompetenzen erweitert, um mit Problemen und Herausforderungen angemessen umzugehen."*[89]

Der Umgang mit Spannungsfeldern und folgenden Konfliktsituationen ist einerseits als Problem zu sehen, welches den produktiven Vertriebsablauf beeinflusst, und andererseits als Herausforderung, im angemessenen produktiven Umgang Konflikte als Chance der Weiterentwicklung zu nutzen.

Um den Nutzen der produktiven Konfliktbearbeitung für die Vertriebsorganisation und für die Vertriebstätigkeit im Markt zu gewährleisten, müssen Disziplinen der lernenden Organisation entwickelt werden.

Die fünf Disziplinen der lernenden Organisation (vgl. Abbildung 18) repräsentieren Einzelaspekte, welche in der Gesamtheit das organisationale Lernen bedingen.[90]

---

88 Vgl. Willke, H.: Einführung in das systemische Wissensmanagement, 3., überarbeitete und erweiterte Auflage; Heidelberg: 2011, S. 70 f

89 Simon, W.: Der große Methodenkoffer, Managementtechniken, 2. Auflage; Offenbach: 2008, S. 296

90 Vgl. Senge, P.M.: Die fünfte Disziplin, Kunst und Praxis der lernenden Organisation, 11., völlig überarbeitete und aktualisierte Auflage; Stuttgart: 2011, S. 15 f

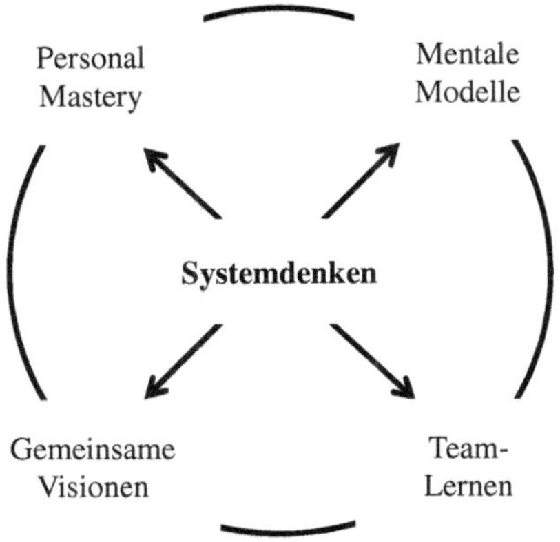

Abbildung 18: Disziplinen der lernenden Organisation

Quelle: Simon, W.: Der große Methodenkoffer, Managementtechniken, 2. Auflage;Offenbach: 2008, S. 297

Systemdenken:

Das Systemdenken, als zentrale Disziplin der lernenden Organisation, richtet den Blick auf das Ganze. Einzelne Aktionen und Handlungsweisen werden nicht isoliert, sondern in deren Zusammenhängen und Wechselwirkungen betrachtet. Konfliktsituationen haben den Ursprung in einer Ursache oder im zeitlichen Zusammentreffen der Auswirkungen mehrerer Ursachen. Auswirkungen von eskalierenden Konflikten oder Konfliktlösungen treffen die am Konflikt beteiligten Personen oder in Folge Personen, Abteilungen, Unternehmen oder Kundinnen/Kunden, welche nicht an der Konfliktbearbeitung (vgl. Abschnitt 6.3) beteiligt sind.

Offensichtlich alleinstehende Ursachen und überschaubare Auswirkungen verdrängen die Sichtweise auf die Komplexität von Ursache und Wirkung bzw. auf die Vernetzung einzelner Handlungsweisen.

> *„Komplexität hat sehr viel mit Vernetzung zu tun, ja kommt erst durch Vernetzung zustande. Komplexe Vorgänge verlangen daher zu ihrem Verständnis ein Denken in*

Zusammenhängen, das sich an der Struktur organisierter Systeme und ihrer speziellen Dynamik orientiert.“[91]

Komplexität bewirkt Unsicherheit und erschwert das Systemdenken.

Personal Mastery:

Personal Mastery, als Disziplin der Selbstführung und Persönlichkeitsentwicklung, bedeutet lebenslanges Lernen und Entwicklung zur Erreichung der eigenen Ziele. Die Entwicklung der Persönlichkeit bedingt die Nutzung des eigenen Energiepotenzials, des Realitätssinns und der Selbstreflexion.

In der Konfliktbearbeitung wird das persönliche Energiepotenzial dann ausgeschöpft, wenn ein Wille zum Lernen präsent ist und die Organisation bereit ist, persönliche Lernerfolge in das System einfließen zu lassen. Persönliches Engagement und die Bereitschaft zu lernen, muss von der Organisation als systemische Weiterentwicklung angesehen werden. Realitätssinn und Selbstreflexion (wo stehe ich, wo will ich hin) bewirken einen produktiven Umgang mit Konfliktsituationen und den sich hieraus ergebenden Perspektiven und Potenzialen.

Mentale Modelle:

Die mentalen Modelle beschäftigen sich mit den spezifisch persönlichen Wahrnehmungen, Vorstellungen, Einstellungen und Denkmustern gegenüber Personen und Handlungsweisen. Wenn diese einer bewussten kritischen Betrachtung unterzogen werden, ist eine vorbehaltlose (objektive, realistische) Herangehensweise an die (Konflikt-)Situation gegeben. Unterstützend hierfür ist die Bildung im Bereich der sozialen Kompetenz und der emotionalen Intelligenz (vgl. Abschnitt 3.2).

Team-Lernen:

Die Implementierung und Aufrechterhaltung von Team-Lernen ist in der Vertriebsorganisation die Aufgabe des Vertriebsmanagements, das den Mitarbeiterinnen/Mitarbeitern persönliche Zielvorgaben (Ansatz, Umsatz, Deckungsbeitrag, Marktanteil usw.) für ihre Tätigkeit setzt. Die Erreichung der Zielvorgaben ist an den variablen Gehaltsbestandteil gekoppelt. Hieraus ergibt sich die Tendenz, dass Erfahrung und Wissen über die Arbeit mit Kundinnen/Kunden nicht geteilt werden, und Probleme bzw. Konflikte nicht angesprochen werden.

---

91 Vester, F.: Die Kunst vernetzt zu denken, Ideen und Werkzeuge für einen neuen Umgang mit Komplexität, Der neue Bericht an den Club of Rome, 7. Auflage; München: 2008, S. 16

„Wie ist es zu erklären, dass ein Team von engagierten Managern, die einen individuellen Intelligenzquotienten von über 120 haben, einen kollektiven IQ von 63 aufweist?“[92]

Der Philosoph Aristoteles meinte: *„Das Ganze ist mehr als die Summe seiner Teile.“*

Gemeinsame Visionen:

Die gemeinsame Vision eines Unternehmens ist die Fokussierung aller Mitarbeiterinnen/Mitarbeiter auf das Zukunftsbild und die Ziele der Organisation. Dieser Fokus muss weiterentwickelt und von allen Organisationsmitgliedern mitgetragen und lückenlos kommuniziert werden. Wenn die gemeinsame Vision des Unternehmens von den Mitarbeiterinnen/Mitarbeitern als persönliche Vision und Leitbild in ihrer Tätigkeit übernommen wird, sind gesteigerte Leistungen und Resilienz, in Bezug auf auftretende Probleme und Konfliktsituationen, die Folge.

Es ist die Aufgabe des Vertriebsmanagements, Mitarbeiterinnen und Mitarbeiter dazu zu motivieren, die Inhalte und Abläufe von Konfliktverläufen als Wissen und Erfahrung in die Vertriebsorganisation einzubringen und so kollektives Lernen zu fördern.

Das Kapitel acht beschreibt die wissenschaftliche Untersuchung der Hypothese mittels systematischer Datenerhebung.

---

92 Senge, P.M.: Die fünfte Disziplin, Kunst und Praxis der lernenden Organisation, 11., völlig überarbeitete und aktualisierte Auflage; Stuttgart: 2011, S. 20

8 Empirie

Zur Prüfung der Hypothese (vgl. Abschnitt 1.3) wurde eine empirische Untersuchung durchgeführt. Die Kriterien und Variablen der Hypothese als Grundlage der Untersuchung wurden mit der sozialen Wirklichkeit konfrontiert. Die soziale Wirklichkeit ist in Bezug zur Hypothese die Gesamtheit sozialer („[...] *die Gesellschaft betreffend* [...]“[93]) und realer Erfahrungen im Vertrieb und innerhalb von Vertriebsorganisationen. Der Soziologe Atteslander definiert empirische Sozialforschung wie folgt:

> *„Empirische Sozialforschung ist die systematische Erfassung und Deutung sozialer Tatbestände.“*[94]

Die empirische Sozialforschung befasst sich mit theoretischen Aussagen (Hypothesen), welche anhand realer Erfahrungen geprüft werden. Soziale Tatbestände wie beobachtbares menschliches Verhalten und durch Sprache vermittelte Meinungen, Informationen über Erfahrungen, Einstellungen, Werturteile und Absichten werden systematisch erfasst.[95] Zur Untersuchung gelangen soziale Tatbestände innerhalb von Vertriebsorganisationen und im Vertrieb, die Bewusstseinsbildung für Spannungsfelder und die proaktive Bearbeitung von Konflikten.

Als Forschungsmethode wird die Prüfung von Hypothesen und Theorien gewählt. Die Hypothese „Bewusstseinsbildung für Spannungsfelder und proaktive Bearbeitung von Konflikten nach mediativen Grundsätzen führt zu nachhaltiger Entwicklung im Vertrieb“ wird auf Verifizierung oder Falsifizierung hin überprüft.

8.1 Rechtfertigung der Forschungsmethode

Die Hypothese ist als Zusammenhanghypothese formuliert. Es wird die Beziehung zwischen Bewusstseinsbildung für Spannungsfelder und proaktiver Bearbeitung von Konflikten einerseits und nachhaltiger Entwicklung im Vertrieb andererseits untersucht.

---

93 Kluge, F.: Etymologisches Wörterbuch der deutschen Sprache, bearbeitet von Elmar Seebold, 24., durchgelesene und erweiterte Auflage; Berlin/New York: 2002, CD-ROM

94 Atteslander, P.: Methoden der empirischen Sozialforschung, 13., neu bearbeitete und erweiterte Auflage; Berlin: 2010, S. 3

95 Vgl. ebd., S. 3 f

Der erste Teil der Fragestellungen umfasst den persönlichen Bereich der Probandinnen und Probanden (Funktion, Marktbereich, Alter) und den Bereich des Unternehmens (Branche, Unternehmensgröße).

Der zweite Teil der Fragestellungen beschäftigt sich mit persönlichem Verhalten, den Ursachen für Handlungen und Verhaltensweisen sowie dem Verständnis für Spannungsfelder und Konflikte. Die Auswirkungen von existenten Spannungsfeldern und eskalierenden Konfliktverläufen sind Thema des abschließenden Teils der Untersuchung.

Die Fragestellungen beinhalten geschlossene und halb offene Fragen; anhand der Beantwortung erfolgte eine Stützung oder Widerlegung der Hypothese. Als Fragetypus wurden der Selektionstyp (vorgegebene Alternativen als Antwortmöglichkeiten), der Ja/Nein-Typ (Entscheidungsfrage) und die Skala-Frage (Angabe von Intensität und Häufigkeit vorgegebener Kriterien) gewählt.

Die Vorgehensweise der Untersuchung umfasste folgende Schritte:

- Definition der Zielgruppe
- Erhebung sozialer Daten
- Klärung der Repräsentativität
- Zeitdauer und Response
- Auswertung

8.2 Definition der Zielgruppe

Die Definition der Zielgruppe wurde auf Basis des Arbeitstitels „Konfliktbearbeitung im Vertrieb“ und der Hypothese „Bewusstseinsbildung für Spannungsfelder und proaktive Bearbeitung von Konflikten nach mediativen Grundsätzen führt zu nachhaltiger Entwicklung im Vertrieb“ abgeleitet. Die relevanten Funktionen in Unternehmen wurden beschränkt auf Verantwortungsträgerinnen/Verantwortungsträger in einer Vertriebs- bzw. Verkaufsorganisation, auf Mitglieder der Geschäftsleitung und auf Unternehmerinnen/Unternehmer eingeschränkt. Mitarbeiterinnen/Mitarbeiter im Vertrieb ohne leitende Funktion wurden nicht berücksichtigt. Die Untersuchung konzentrierte sich auf im Marktbereich Österreich tätige Unternehmen. In Hinsicht auf den Unternehmensgegenstand, der Branchenzugehörigkeit und der Unternehmensgröße erfolgte keine Einschränkung. Die möglichen Funktionen der Zielgruppe wurden wie folgt definiert:

- Mitglieder der Geschäftsleitung
- Verantwortungsträgerinnen/Verantwortungsträger im Vertrieb/Verkauf

Die Auswahl der Zielgruppenpersonen erfolgte durch den Panelpartner (externe Auswahl der Zielkontakte auf Basis der definierten Zielgruppenfunktionen), auf Basis persönlicher Kontakte und freier Recherche. Nach Festlegung der Zielgruppe erfolgte die Spezifikation der Datenerhebung.

8.3 Erhebung sozialer Daten

Die Erhebung sozialer Daten kann durch Beobachtung, Befragung, ein Experiment oder eine Inhaltsanalyse erfolgen.

Unter *Beobachtung* wird das Erfassen, Festhalten und Deuten von wahrnehmbaren Verhalten, zum Zeitpunkt seines Geschehens, verstanden.[96] Dies bedingt in der Befassung der Probandinnen/Probanden mit Spannungsfeldern und Konflikten die Anwesenheit eines Dritten (Beobachtenden). Die sozialen Tatbestände werden tendenziell idealistisch dargestellt. Aufgrund dieser Verfälschung scheidet die Beobachtung für die vorliegende Untersuchung aus.

Die *experimentelle Untersuchung* bedingt ein Höchstmaß an Kontrolle der sozialen Situation.[97]. Die Zielgruppe Geschäftsleitung und Verantwortungsträgerinnen/Verantwortungsträger im Vertrieb wird einer Kontrolle der sozialen Situation in der Interaktion mit Mitarbeiterinnen/Mitarbeiter und Kundinnen/Kunden nicht zustimmen.

Die *Inhaltsanalyse* untersucht Kommunikationsinhalte wie Bilder, Filme oder Texte.[98] Die zu untersuchenden sozialen Tatbestände, wie Meinungen, Erfahrungen, Einstellungen, Werturteile und Absichten in Bezug zu Spannungsfeldern und Konfliktbearbeitung, sind nicht dokumentiert. Eine Inhaltsanalyse ist nicht möglich.

Die *Befragung* erhebt erlebte und erinnerbare soziale Ereignisse. Die Antworten repräsentieren Meinungen und Bewertungen von Erlebten.[99] Die Anonymität und die Zentralität der Befragung (vgl. Abschnitt 8.4) gewährleisten unverfälschte Situationsdarstellungen. Die Möglichkeit des Interviews widerspricht der Anonymität. Die Befragung mittels anonymisiertem Fragebogen bietet die Möglichkeit der unverfälschten Meinungsäußerung und wurde als am effektivsten und effizientesten erachtete Methode der Datenerhebung gewählt.

Da das Interview als Befragungsmethode ausgeschieden wurde, wurde die Variante der quantitativen Sozialforschung gewählt. Die Onlinebefragung

96 Vgl. Atteslander, P.: Methoden der empirischen Sozialforschung, 13., neu bearbeitete und erweiterte Auflage; Berlin: 2010, S. 74

97 Vgl. ebd., S. 177

98 Vgl. ebd., S. 195

99 Vgl. ebd., S. 109

erfolgte mittels standardisiertem Fragebogen. Die Voraussetzungen für die Bearbeitung des Fragebogens und die Möglichkeiten der Beantwortung waren für alle Teilnehmerinnen und Teilnehmer der Befragung ident.

Die innerhalb der Zielgruppe ausgewählten Personen sind, in Bezug zu den ausgewählten Fragestellungen, repräsentativ für die gesamte Zielgruppe.

8.4 Klärung der Repräsentativität

Die Untersuchung bezieht sich auf Unternehmen, unabhängig der Branchenzugehörigkeit, welche im Marktbereich Österreich tätig sind. Die Anzahl dieser Unternehmen entspricht der Grundgesamtheit der Zielgruppe. Ziel der Untersuchung ist, eine repräsentative Aussage über die Grundgesamtheit zu treffen.

Die Grundgesamtheit ist jene Anzahl an Personen, welche der Zielgruppe zugeordnet wird. Die Zielgruppendefinition bedingt, dass zumindest eine der angeführten Funktionen im Unternehmen (Einzelunternehmerinnen/Einzelunternehmer in Personalunion) ausgeübt wird. Als Umfang der Grundgesamtheit wurde die Anzahl der Unternehmen betrachtet, welche im reglementierten Gewerbe tätig, und als Mitglied der Wirtschaftskammer Österreich (WKO) angeführt sind. Dieser Vorgabe entsprachen 457.989 Unternehmen.[100] Aus Kosten- sowie Zeitgründen war eine Befragung der Grundgesamtheit nicht möglich. Daraus folgt, dass aus der gegebenen Grundgesamtheit mittels zufallsgesteuertem Auswahlverfahren eine Stichprobe gezogen wurde.

> *„Sofern die Größe der Grundgesamtheit N nicht sehr klein ist, spielt sie bei der Bestimmung der Stichprobengröße eine zu vernachlässigende Rolle.“*[101]

Unternehmen, welche dem freien Gewerbe unterliegen bzw. keine Mitgliedschaft in der WKO aufweisen, erhöhen die Grundgesamtheit. Für die Bestimmung der Stichprobengröße, mit dem Ziel einer repräsentativen Umfrage, ist diese Erweiterung der Grundgesamtheit nicht von Relevanz.

Die Berechnung der Stichprobengröße erfolgte auf Basis folgender Kriterien:

- In jedem Unternehmen ist zumindest eine Person in der Funktion der Geschäftsleitung und/oder der Vertriebs-/Verkaufsleitung tätig
- Grundgesamtheit [Anzahl Personen]: 457.989 (Anzahl Personen, welche der Zielgruppe zugeordnet werden)

100 http://firmen.wko.at/Web/SearchSimple.aspx (abgerufen am 07.06.2012)

101 Atteslander, P.: Methoden der empirischen Sozialforschung, 13., neu bearbeitete und erweiterte Auflage; Berlin: 2010, S. 282

- Konfidenzlevel [%]: 95 (es besteht die 95-prozentige Sicherheit, dass die Grundgesamtheit gleich den Probandinnen/Probanden der Onlineumfrage antwortet)
- Konfidenzintervall [%]: 10 (die maximal zu erwartende Abweichung von Antworten der Grundgesamtheit im Vergleich zur Stichprobe)

Für die Auswertung muss ein Rücklauf von *96 auswertbaren Fragebögen* erfolgen, dann ist mit der Stichprobe Repräsentativität für die Grundgesamtheit gegeben.

Für die Repräsentativität der Untersuchung muss, neben der Stichprobengröße, die individuelle Relevanz (Zentralität) der in der Umfrage enthaltenen Themen für die Probandinnen/Probanden gegeben sein.

> *„Unter Zentralität ist einerseits der Grad der Betroffenheit bei den Befragten zu verstehen, andererseits der Bezug zu wesentlichen existentiellen Überzeugungen und Glaubensvorstellungen. Je höher der Grad der Zentralität, desto wahrscheinlicher ist auch die Übereinstimmung zwischen geäußerter Meinung und effektivem Verhalten."*[102]

Die Betroffenheit der Befragten von den in der Umfrage enthaltenen Fragestellungen war gegeben, da für die Auswertung Fragebögen Berücksichtigung fanden, bei welchen eine eindeutige Zuordnung zu den Funktionen Geschäftsleitung und Verantwortungsträgerinnen/Verantwortungsträger im Vertrieb/Verkauf erfolgte. Nicht direkt diesen Funktionsgruppen zuordenbare Probandinnen/Probanden wurden mittels Screen-Out von der Auswertung ausgeschlossen. Aufgrund der vorgegebenen und in der Einladung zur Umfrage hingewiesenen Anonymität der Befragung wird angenommen, dass die Beantwortung der Probandinnen/Probanden in Übereinstimmung mit deren Überzeugungen und Glaubensvorstellungen erfolgte. Zentralität ist gegeben und damit die Repräsentativität der Umfrage.

Unter Berücksichtigung der vorgegebenen Samplegröße und der eindeutig zu erfolgenden Funktionszuordnung der Probandinnen/Probanden (Vertriebs-, Verkaufsleitung, Geschäftsleitung) wurde die Datenerhebung gestartet.

8.5 Zeitdauer und Response

Es wurden 440 Personen zur Befragung eingeladen. Die Onlinebefragung war für eine Zeitdauer von sieben Tagen den Teilnehmenden geöffnet. Nach Schließung der Umfrage erfolgte die Auswertung der einzelnen Fragestellungen.

---

102 Atteslander, P.: Methoden der empirischen Sozialforschung, 13., neu bearbeitete und erweiterte Auflage; Berlin: 2010, S. 67

141 Teilnehmer (32%) haben die Umfrage gestartet und konnten den Funktionen der Zielgruppe (Geschäftsleitung und Verkaufs-/Vertriebsleitung) zugeordnet werden. Teilnehmer mit Angabe einer Funktion abseits der Zielgruppe, wurden für die Bewertung mittels Screen-Out gefiltert. 24 Teilnehmer (5,4 %) haben die Beantwortung abgebrochen.

Die Auswertung basierte auf *117 komplett beantworteten Fragebögen.* Dies entspricht einer auswertbaren *Rücklaufquote von 26,6%.*

Mit der Rücklaufquote von 117 Fragebögen ist die Untersuchung als repräsentativ für die Grundgesamtheit (vgl. Abschnitt 8.4) bestätigt.

8.6 Auswertung

Die Auswertung der Fragebögen erfolgte in der Gesamtbetrachtung aller Probandinnen/Probanden und gesplittet nach den gewählten Funktionen Geschäftsleitung und Vertriebs-/Verkaufsleitung.

Ausgewertet wurden die Fragebögen mittels Excel-Tabellenblätter. Die Darstellung erfolgte in Tabellenform und mittels Säulen- bzw. Kreisdiagramm. Einzelne Messwerte wurden selektiert, summiert und zu anderen Variablen in Beziehung gesetzt.

Fragebögen mit nicht eindeutiger Zuordnung zu den Funktionen Geschäftsleitung oder Vertriebs-/Verkaufsleitung wurden von der Auswertung ausgeschlossen. Einzelwerte von unvollständig beantworteten Fragebögen (Befragung abgebrochen) wurden in die Auswertung nicht aufgenommen. Die Fragebögen von Probandinnen/Probanden, welche die Angabe über Tätigkeit bzw. Verantwortung für einen Marktbereich nur außerhalb von Österreich angegeben haben, wurden nicht berücksichtigt.

Die Abschnitte 8.6.1 bis 8.6.4 dokumentieren, zugeordnet nach vier Fragegruppen, die Ergebnisse der einzelnen Fragestellungen.

8.6.1 Persönliche Angaben

Die Ergebnisse der Fragen zur Person und zum Unternehmen wurden als Gesamtbetrachtung der Funktionen dargestellt und zeigen die Strukturierung der Teilnehmenden und jene ihres Tätigkeitsbereichs.

Die Fragestellungen zur Person ergaben Informationen über die aktuelle Tätigkeit (Funktion im Unternehmen/in der Organisation), das Alter der Probandinnen/Probanden und deren Tätigkeits- bzw. Verantwortungsbereich (Marktbereich).

Der überwiegende Teil der Befragten waren Mitglieder der Geschäftsleitung (Frage 1). Der Tätigkeits- bzw. Verantwortungsbereich lag zu 31% im internationalen Umfeld (Frage 2), und die Altersstruktur lag mehrheitlich im Bereich 30 bis 50 Jahre (Frage 3).

Frage 1: Ihre aktuelle Funktion im Unternehmen?

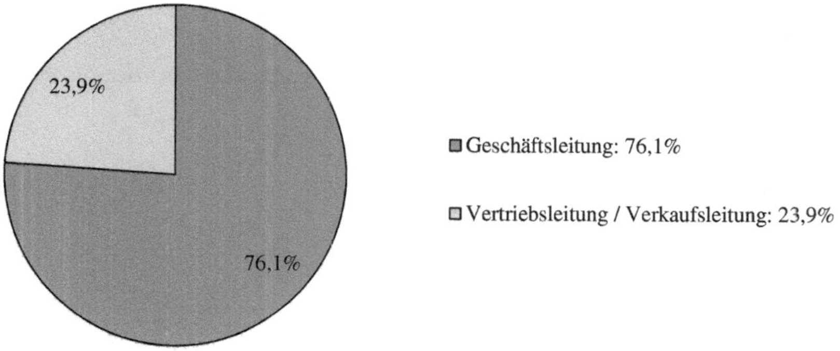

Abbildung 19: Auswertung Frage 1

Frage 2: In bzw. für welches Marktgebiet sind Sie tätig bzw. verantwortlich?

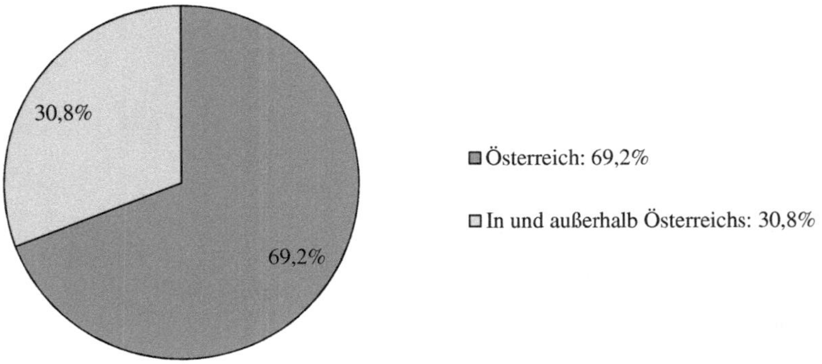

Abbildung 20: Auswertung Frage 2

Frage 3: Wie alt sind Sie?

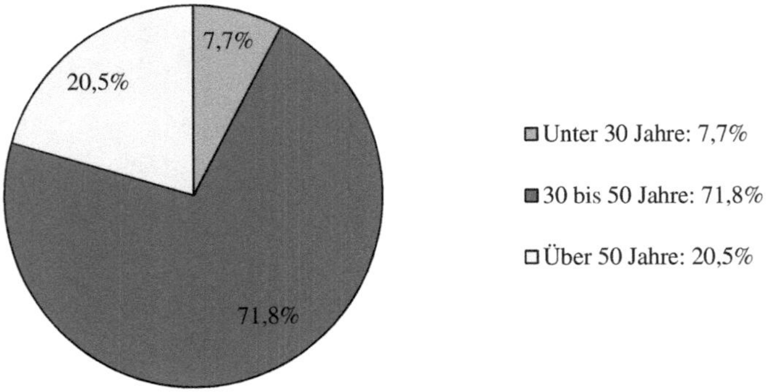

Abbildung 21: Auswertung Frage 3

Die Angaben zu den Unternehmen differenzieren die Größe (Anzahl Mitarbeiterinnen/Mitarbeiter) und die Branchenzugehörigkeit des jeweiligen Unternehmens.

Ein Großteil der Befragten ist in den Branchen Handel bzw. Information und Consulting tätig, gefolgt von Gewerbe und Handwerk bzw. Industrie (Frage 4).

Die Mehrheit der Probanden ist in Unternehmen mit weniger als zehn bzw. mit mehr als 150 Mitarbeiterinnen/Mitarbeiter tätig (Frage 5). Unternehmensgrößen mit 50 bis 150 Mitarbeiterinnen/Mitarbeiter stellen den kleinsten Teil der Stichprobe.

Frage 4: In welcher Sparte ist Ihr Unternehmen tätig?

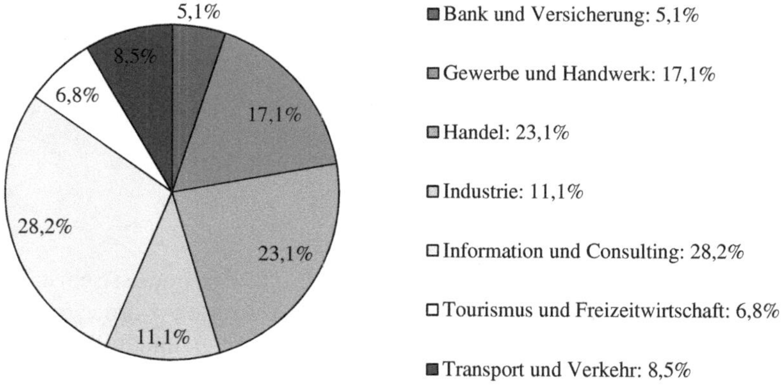

Abbildung 22: Auswertung Frage 4

Frage 5: Wie viele Personen sind in Ihrem Unternehmen tätig?

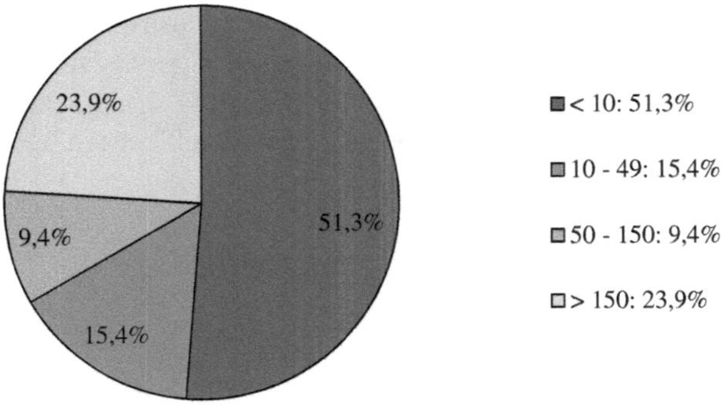

Abbildung 23: Auswertung Frage 5

8.6.2 Bewusstseinsbildung

Dieser Fragenkomplex (Fragen 6-11) befasst sich mit der Bewusstseinsbildung für Spannungsfelder und Konfliktverläufe. Die Antworten wurden gesplittet nach Funktionen der Geschäftsleitung (in den Diagrammen und Tabellen als *L*) und der Vertriebs- bzw. Verkaufsleitung (in den Diagrammen und Tabellen als *V*) ausgewertet. Die Summe dieser für die Befragung relevanten Funktionen (in den Diagrammen und Tabellen als G) ergibt die Gesamtauswertung aller Fragebögen.

Die Frage wie stark persönliches Verhalten die Zusammenarbeit erschwert (Frage 6), wurden die Variablen zu 48% bis 63% mit „immer" und „öfters" beantwortet. Den größten Einfluss bewirken „starre Positionen". „Abweichen vom Gesprächsthema" und „gezeigte Gleichgültigkeit" erhielten die geringste Bewertung.

Unterschiedliche Ursachen erschweren die Zusammenarbeit und beeinflussen Handlungen (Frage 7). Von den acht Variablen der Fragestellung wurden „Kompetenzunklarheiten", „Vorurteile/vorgefasste Meinungen" und „Fokus auf eigenen Interessen" als häufigste Gründe genannt. Die Ursachen „Kompetenzunklarheiten", „Fehlende Wertschätzung" und „Gleichgültigkeit" ergeben, im

Vergleich der Funktionen (Geschäftsleitung/Vertriebs- bzw. Verkaufsleitung), die größten Unterschiede in der Bewertung.

Die Frage 8 klärt die Verhaltensweisen bei Nichtbeachtung von Vorstellungen, Wünschen und Bedürfnissen. „Verschlossenheit“ und „Sachlichkeit“ wurden in der Gesamtbetrachtung als unwahrscheinlichste Verhaltensweisen angesehen. „Fehlendes Engagement/Interesse“ wurde mit mehr als 22% aller Antworten als zwingende und mit 42% als öfters auftretende Verhaltensweise deklariert.

In der Erkennung von Spannungsfeldern und potenziellen Konflikten (Frage 9) wurden, von der Mehrheit der Befragten (72% bis 92%), alle fünf Kompetenzen mit starkem bzw. sehr starkem Einfluss beschrieben. Das Einfühlungsvermögen wurde als wichtigste und die Überzeugungsfähigkeit als schwächste Einflussgröße deklariert. In der Betrachtung nach Funktionen räumt die Vertriebs-/Verkaufsleitung der Überzeugungsfähigkeit einen markant höheren Stellenwert ein.

Die Fragen 10 und 11 thematisieren Aspekte, auf Grund derer Spannungs- und Konfliktfelder im Vertrieb und der Vertriebsorganisation zu erkennen sind. Die Frage 10 nimmt Bezug auf die Vertriebsorganisation (innerbetrieblich) und die Frage 11 beschäftigt sich mit der Vertriebstätigkeit im Markt. Diese Entscheidungsfragen waren mit Ja/Nein (ohne Skalierung) zu beantworten.

Die Variablen wurden mit einer Quote von 68% bis 87% bejaht. In der Vertriebsorganisation wurde dem Erkennen von Spannungs-/Konfliktfeldern durch Anzeichen von fehlender Förderung des Mitarbeiterstabes die geringste Wertigkeit beigemessen. Im Vertrieb zeigte sich dieses Bild bei Anzeichen von mangelnder persönlicher Anerkennung.

Frage 6: Wie stark erschweren folgende Anzeichen im persönlichen Verhalten die Zusammenarbeit im Vertrieb/in der Vertriebsorganisation?

Tabelle 6: Auswertung Frage 6

Variablen:		Funktion:	immer	öfters	selten	nie
Unfreundlichkeiten	A	L	25,8%	30,3%	39,3%	4,5%
		V	32,1%	35,7%	28,6%	3,6%
		G	27,4%	31,6%	36,8%	4,3%
Mangelnde gegenseitige Unterstützung	B	L	13,5%	42,7%	39,3%	4,5%
		V	21,4%	46,4%	28,6%	3,6%
		G	15,4%	43,6%	36,8%	4,3%
Gezeigtes Desinteresse	C	L	16,9%	38,2%	33,7%	11,2%
		V	21,4%	32,1%	35,7%	10,7%
		G	17,9%	36,8%	34,2%	11,1%
Starre Positionen	D	L	13,5%	46,1%	36,0%	4,5%
		V	32,1%	42,9%	25,0%	0,0%
		G	17,9%	45,3%	33,3%	3,4%
Gezeigte Gleichgültigkeit	E	L	15,7%	32,6%	42,7%	9,0%
		V	25,0%	25,0%	42,9%	7,1%
		G	17,9%	30,8%	42,7%	8,5%
Fehlende Aufmerksamkeit	F	L	10,1%	47,2%	38,2%	4,5%
		V	21,4%	50,0%	21,4%	7,1%
		G	12,8%	47,9%	34,2%	5,1%
Abweichen vom Gesprächsthema	G	L	6,7%	36,0%	50,6%	6,7%
		V	17,9%	46,4%	25,0%	10,7%
		G	9,4%	38,5%	44,4%	7,7%
Mangelnde Gesprächsbereitschaft	H	L	12,4%	37,1%	46,1%	4,5%
		V	39,3%	28,6%	21,4%	10,7%
		G	18,8%	35,0%	40,2%	6,0%

Legende: Funktion L... Geschäftsleitung; Funktion V... Vertriebs-/Verkaufsleitung; Funktion G... Gesamt (Summe der Funktionen)

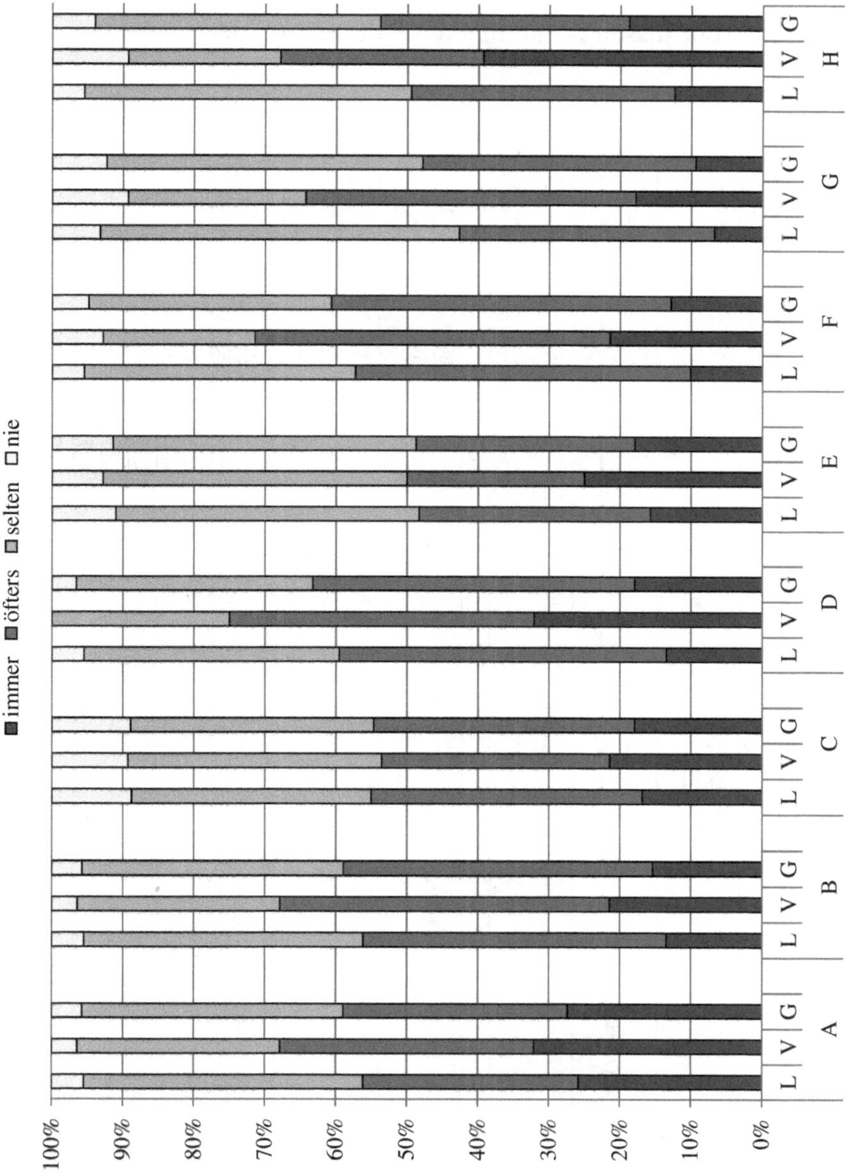

Abbildung 24: Auswertung Frage 6

Frage 7: Welche Ursachen erschweren die Zusammenarbeit und beeinflussen Handlungen im Vertrieb/in der Vertriebsorganisation?

Tabelle 7: Auswertung Frage 7

Variablen:		**Funktion:**	**immer**	**öfters**	**selten**	**nie**
Kompetenzunklarheiten	**A**	**L**	15,7%	44,9%	30,3%	9,0%
		V	50,0%	35,7%	10,7%	3,6%
		G	23,9%	42,7%	25,6%	7,7%
Eifersüchtelein / Neid	**B**	**L**	12,4%	37,1%	39,3%	11,2%
		V	21,4%	35,7%	32,1%	10,7%
		G	14,5%	36,8%	37,6%	11,1%
Desinteresse	**C**	**L**	10,1%	36,0%	42,7%	11,2%
		V	14,3%	39,3%	32,1%	14,3%
		G	11,1%	36,8%	40,2%	12,0%
Konkurrenzdenken in der Vertriebsorganisation ("meine Kunden")	**D**	**L**	6,7%	36,0%	40,4%	16,9%
		V	10,7%	39,3%	35,7%	14,3%
		G	7,7%	36,8%	39,3%	16,2%
Fehlende Wertschätzung	**E**	**L**	6,7%	42,7%	39,3%	11,2%
		V	28,6%	35,7%	32,1%	3,6%
		G	12,0%	41,0%	37,6%	9,4%
Vorurteile / vorgefasste Meinungen	**F**	**L**	6,7%	60,7%	28,1%	4,5%
		V	10,7%	64,3%	25,0%	0,0%
		G	7,7%	61,5%	27,4%	3,4%
Fokus auf eigenen Interessen	**G**	**L**	14,6%	50,6%	30,3%	4,5%
		V	25,0%	46,4%	28,6%	0,0%
		G	17,1%	49,6%	29,9%	3,4%
Gleichgültigkeit	**H**	**G**	6,7%	30,3%	47,2%	15,7%
		V	28,6%	32,1%	28,6%	10,7%
		G	12,0%	30,8%	42,7%	14,5%

Legende: Funktion L… Geschäftsleitung; Funktion V… Vertriebs-/Verkaufsleitung; Funktion G… Gesamt (Summe der Funktionen)

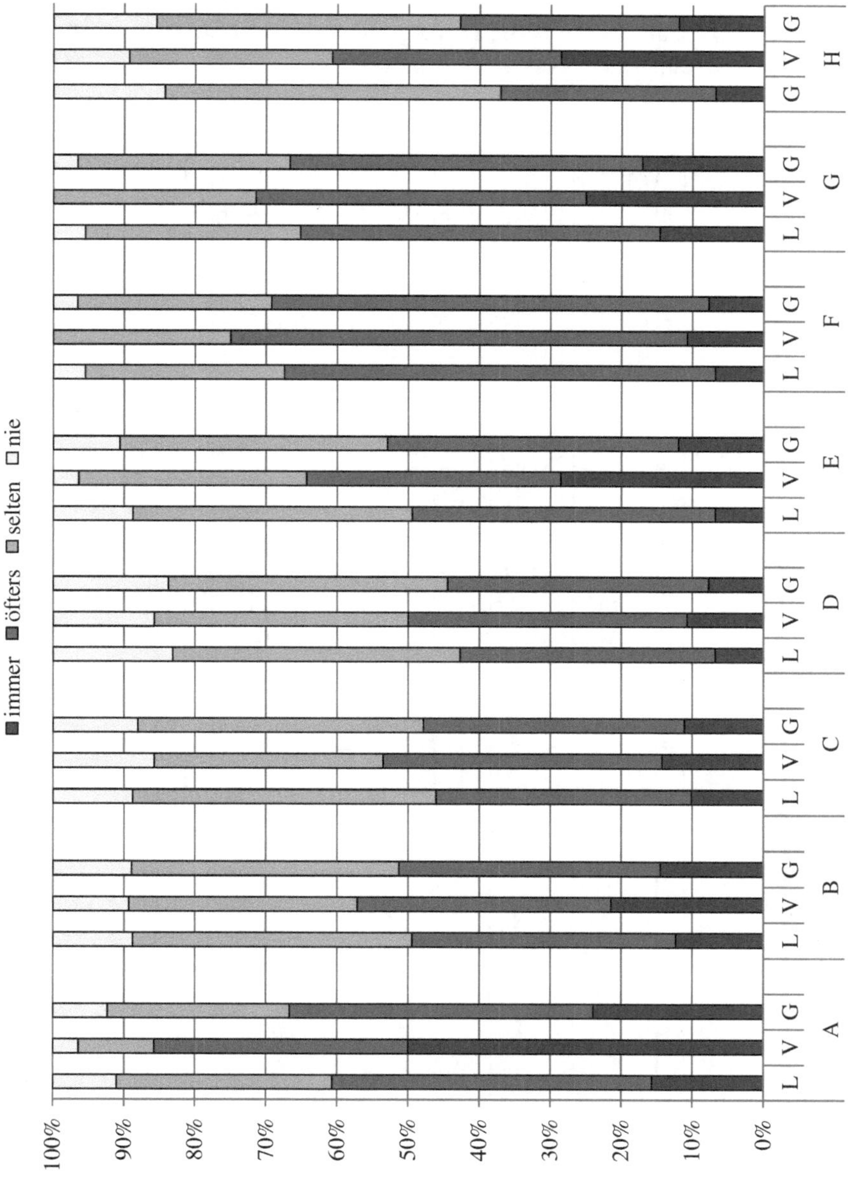

Abbildung 25: Auswertung Frage 7

Frage 8: Die Nichtbeachtung von Vorstellungen, Wünschen oder Bedürfnissen führt zu folgenden Verhaltensweisen im Vertrieb/in der Vertriebsorganisation?

Tabelle 8: Auswertung Frage 8

Variablen:		**Funktion:**	**immer**	**öfters**	**selten**	**nie**
Verschlossenheit	**A**	**L**	3,4%	46,6%	40,9%	9,1%
		V	0,0%	53,6%	39,3%	7,1%
		G	2,6%	48,3%	40,5%	8,6%
Resignation	**B**	**L**	12,4%	41,6%	33,7%	12,4%
		V	21,4%	42,9%	32,1%	3,6%
		G	14,5%	41,9%	33,3%	10,3%
Gleichgültigkeit	**C**	**L**	7,9%	51,7%	32,6%	7,9%
		V	14,3%	64,3%	17,9%	3,6%
		G	9,4%	54,7%	29,1%	6,8%
Sachlichkeit	**D**	**L**	2,2%	30,3%	56,2%	11,2%
		V	3,6%	50,0%	35,7%	10,7%
		G	2,6%	35,0%	51,3%	11,1%
Mangelnde Flexibilität	**E**	**L**	6,7%	50,6%	34,8%	7,9%
		V	3,6%	64,3%	25,0%	7,1%
		G	6,0%	53,8%	32,5%	7,7%
Fehlendes Engagement / Interesse	**F**	**L**	15,7%	44,9%	33,7%	5,6%
		V	42,9%	32,1%	21,4%	3,6%
		G	22,2%	41,9%	30,8%	5,1%

Legende: Funktion L… Geschäftsleitung; Funktion V… Vertriebs-/Verkaufsleitung; Funktion G… Gesamt (Summe der Funktionen)

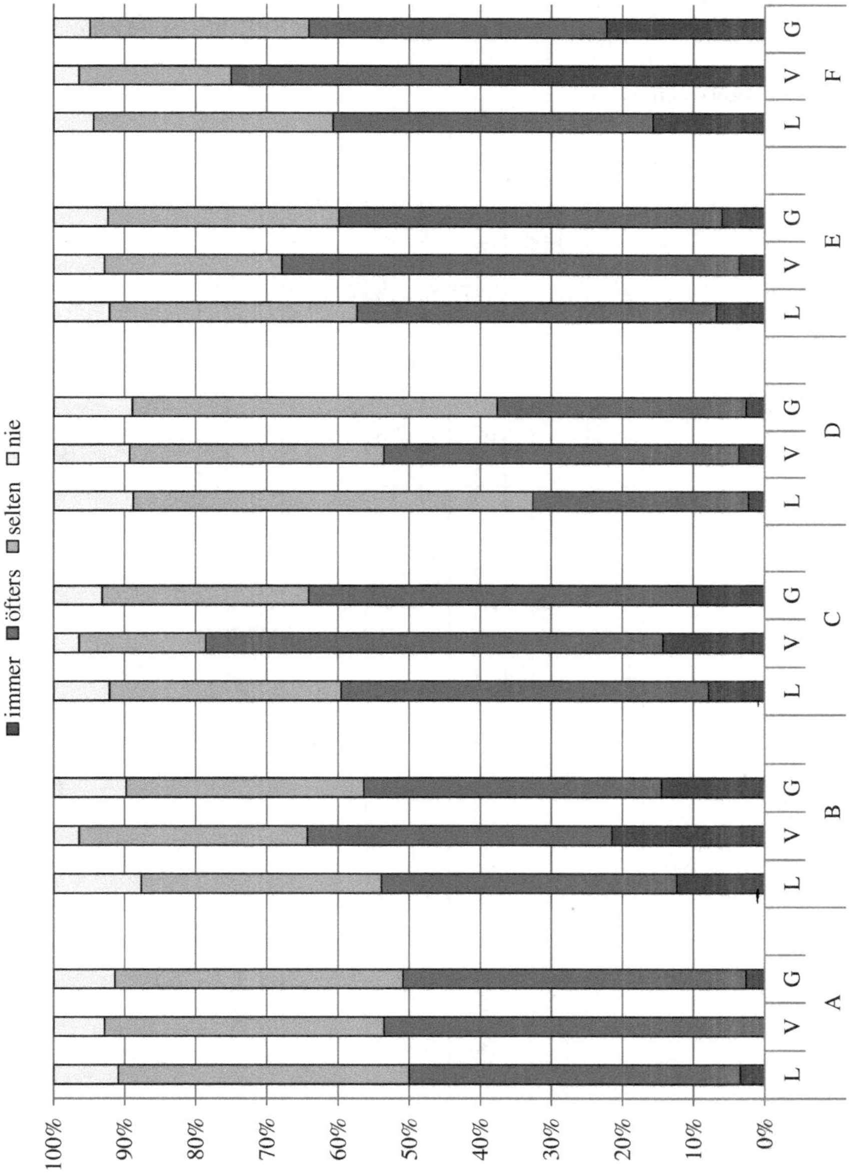

Abbildung 26: Auswertung Frage 8

Frage 9: Wie sehr unterstützen folgende persönliche Kompetenzen Spannungsfelder und potenzielle Konflikte zu erkennen?

Tabelle 9: Auswertung Frage 9

Variablen:		**Funktion:**	**sehr stark**	**stark**	**schwach**	**gar nicht**
Einfühlungsvermögen	A	L	42,7%	50,6%	5,6%	1,1%
		V	53,6%	35,7%	10,7%	0,0%
		G	45,3%	47,0%	6,8%	0,9%
Bedürfniserkennung	B	L	34,8%	56,2%	7,9%	1,1%
		V	50,0%	39,3%	10,7%	0,0%
		G	38,5%	52,1%	8,5%	0,9%
Überzeugungsfähigkeit	C	L	16,9%	48,3%	31,5%	3,4%
		V	42,9%	50,0%	7,1%	0,0%
		G	23,1%	48,7%	25,6%	2,6%
Verständnis für anderer Meinungen / Standpunkte	D	L	40,4%	50,6%	7,9%	1,1%
		V	57,1%	39,3%	3,6%	0,0%
		G	44,4%	47,9%	6,8%	0,9%
Kooperationsfähigkeit	E	L	37,1%	49,4%	11,2%	2,2%
		V	57,1%	39,3%	3,6%	0,0%
		G	41,9%	47,0%	9,4%	1,7%

Legende: Funktion L… Geschäftsleitung; Funktion V… Vertriebs-/Verkaufsleitung; Funktion G… Gesamt (Summe der Funktionen)

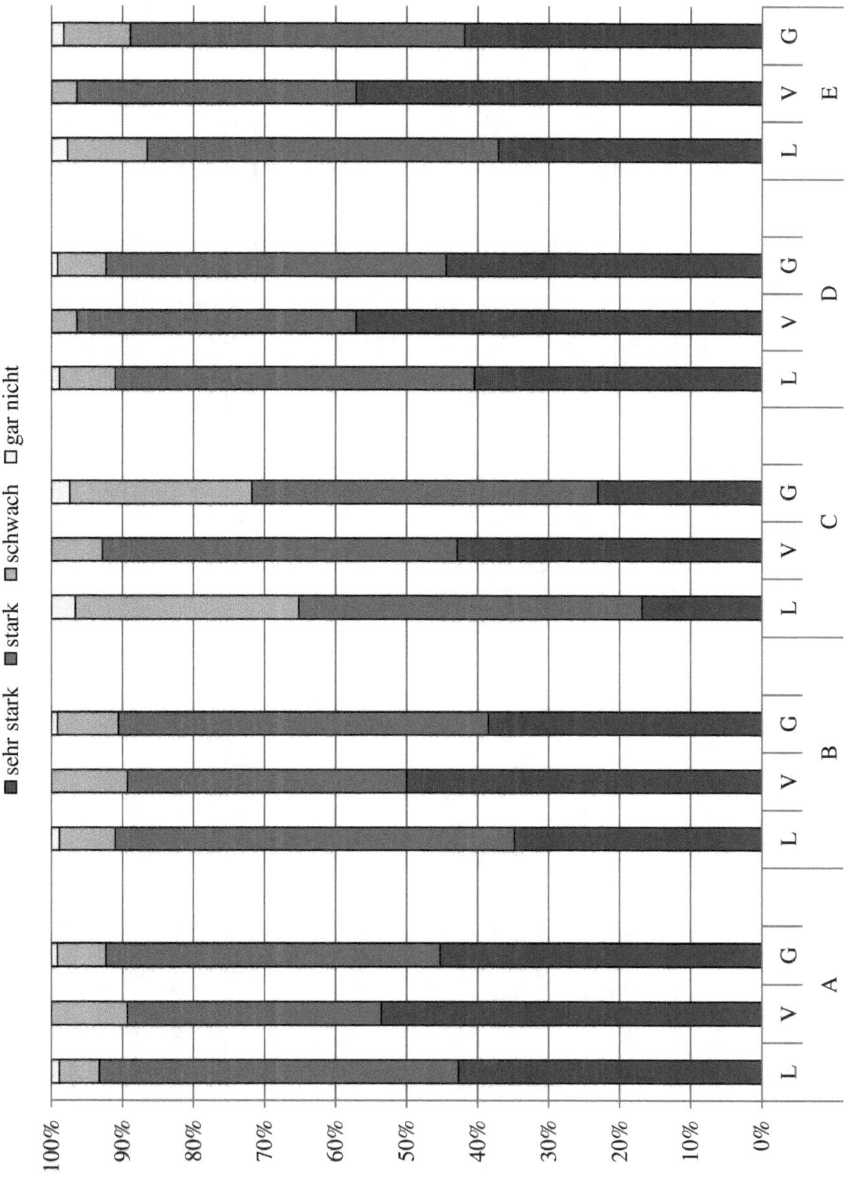

Abbildung 27: Auswertung Frage 9

Frage 10: Spannungsfeder oder Konfliktfelder lassen sich in der Vertriebsorganisation durch folgende Aspekte erkennen?

Tabelle 10: Auswertung Frage 10

Variablen:		Funktion:	ja	nein
Überforderung der Mitarbeiter/Mitarbeiterinnen	A	L	82,0%	18,0%
		V	71,4%	28,6%
		G	79,5%	20,5%
Erteilung unklarer Anweisungen	B	L	82,0%	18,0%
		V	85,7%	14,3%
		G	82,9%	17,1%
Austausch unklarer Informationen	C	L	82,0%	18,0%
		V	75,0%	25,0%
		G	80,3%	19,7%
Keine Förderung oder Entwicklung von Mitarbeitern/Mitarbeiterinnen	D	L	71,9%	28,1%
		V	85,7%	14,3%
		G	75,2%	24,8%
Mangelnde Anerkennung	E	L	76,4%	23,6%
		V	85,7%	14,3%
		G	78,6%	21,4%
Mangelnder Wille zu Kooperation	F	L	82,0%	18,0%
		V	75,0%	25,0%
		G	80,3%	19,7%
Mangelnde Kommunikation	G	L	87,6%	12,4%
		V	85,7%	14,3%
		G	87,2%	12,8%
Fehlende Akzeptanz von Führungskräfen seitens der Mitarbeiter/Mitarbeiterinnen	H	L	80,9%	19,1%
		V	92,9%	7,1%
		G	83,8%	16,2%

Legende: Funktion L… Geschäftsleitung; Funktion V… Vertriebs-/Verkaufsleitung; Funktion G… Gesamt (Summe der Funktionen)

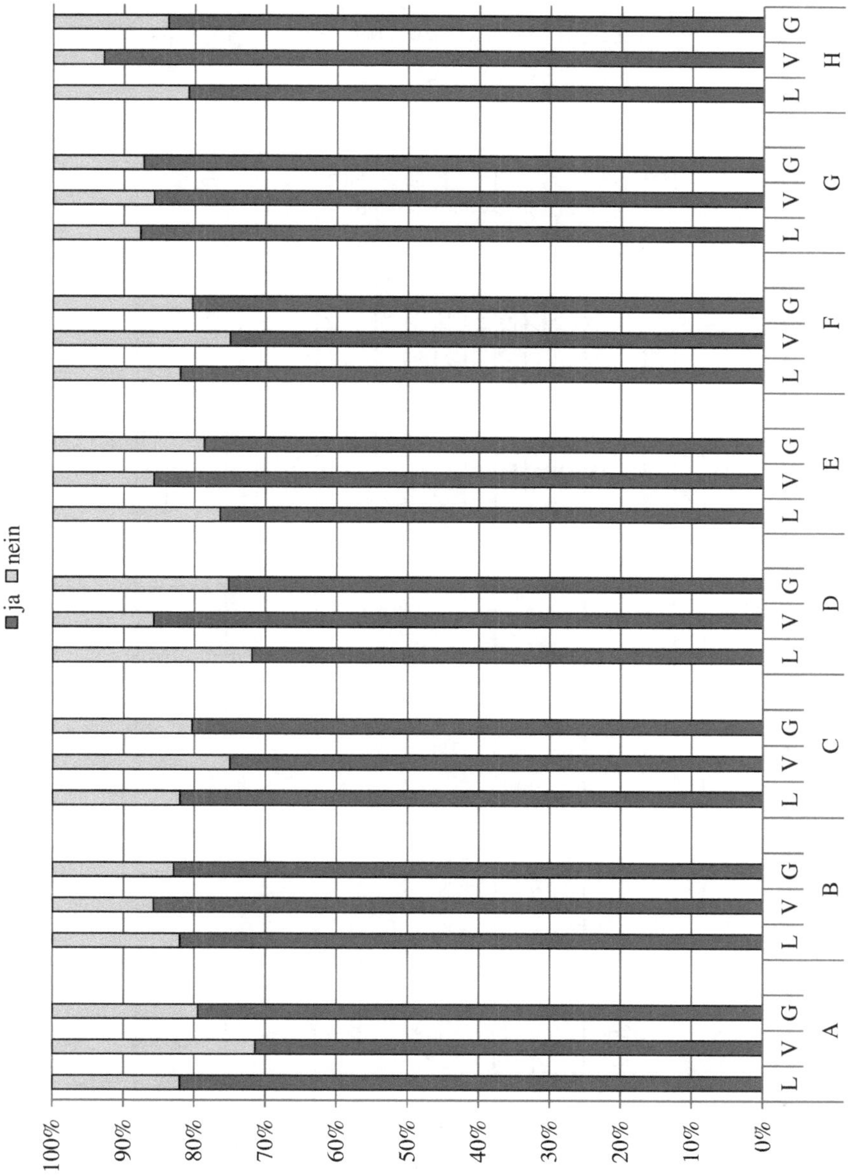

Abbildung 28: Auswertung Frage 10

Frage 11: Spannungsfelder oder Konfliktfelder lassen sich im Vertrieb (Kundenkontakt) durch folgende Aspekte erkennen?

Tabelle 11: Auswertung Frage 11

Variablen:		**Funktion:**	**ja**	**nein**
Überforderung einer beteiligten Person	**A**	**L**	80,9%	19,1%
		V	78,6%	21,4%
		G	80,3%	19,7%
Mangelnder Informationsaustausch	**B**	**L**	85,4%	14,6%
		V	85,7%	14,3%
		G	85,5%	14,5%
Verschiebung von Entscheidungen	**C**	**L**	82,0%	18,0%
		V	78,6%	21,4%
		G	81,2%	18,8%
Mangelnde persönliche Anerkennung	**D**	**L**	67,4%	32,6%
		V	71,4%	28,6%
		G	68,4%	31,6%
Mangelnder Wille zur Kooperation	**E**	**L**	80,9%	19,1%
		V	85,7%	14,3%
		G	82,1%	17,9%
Mangelnde Kommunikation	**F**	**L**	82,0%	18,0%
		V	96,4%	3,6%
		G	85,5%	14,5%

Legende: Funktion L... Geschäftsleitung; Funktion V... Vertriebs-/Verkaufsleitung; Funktion G... Gesamt (Summe der Funktionen)

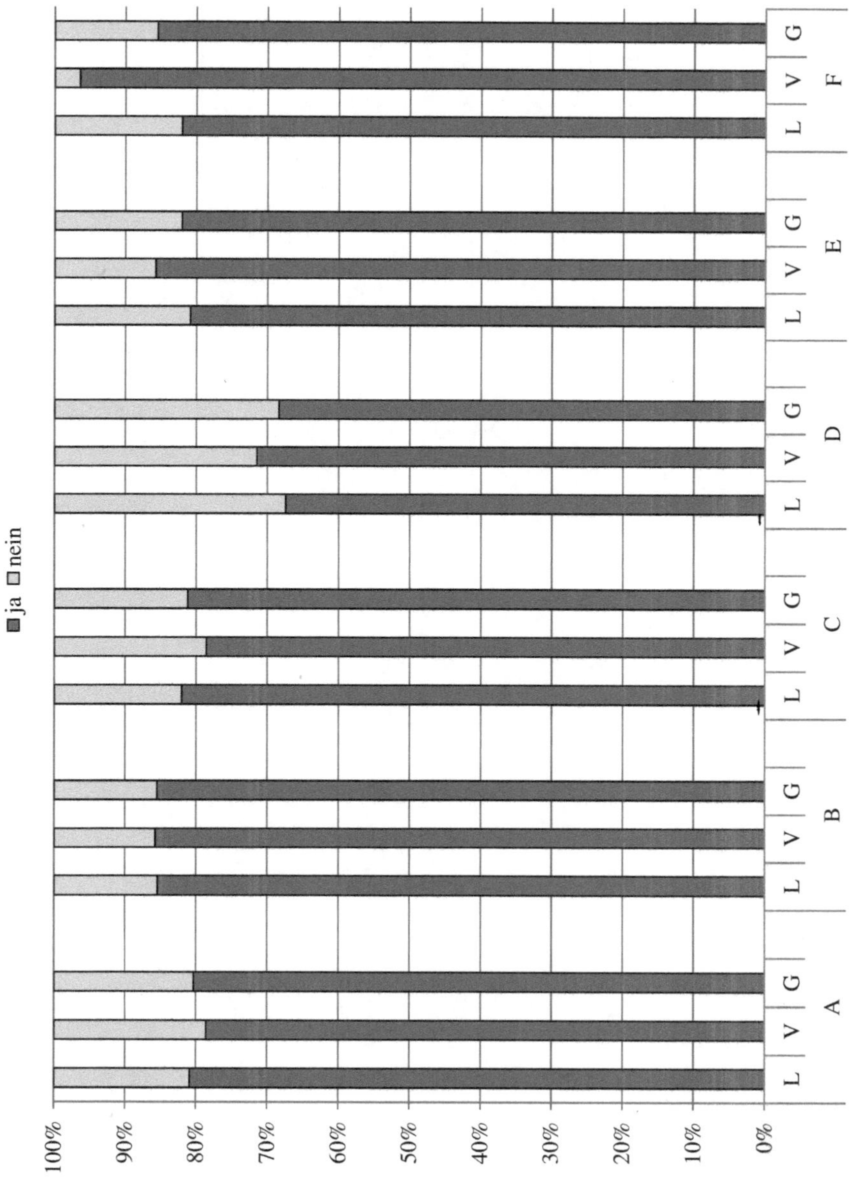

Abbildung 29: Auswertung Frage 11

8.6.3 Proaktive Bearbeitung

Die Fragen 12 bis 14 befassen sich mit der aktiven Konfliktbearbeitung und den sich daraus ergebenden Auswirkungen. Die Antworten wurden gesplittet nach Funktionen der Geschäftsleitung (in den Diagrammen und Tabellen als L) und der Vertriebs- bzw. Verkaufsleitung (in den Diagrammen und Tabellen als V) ausgewertet. Die Summe dieser für die Befragung relevanten Funktionen (in den Diagrammen und Tabellen als G) ergibt die Gesamtauswertung aller Fragebögen.

Mit der Frage 12, wurden persönliche Reaktionen nach Wahrnehmung von Spannungsfeldern und potenziellen Konflikten sowie die aktive Miteinbeziehung Dritter erhoben. 35% der Geschäftsleitungsmitglieder und 54% des Vertriebs-/Verkaufsmanagements gaben an, dass sie immer unterstützen wenn ein Spannungsfeld/potenzieller Konflikt erkannt wird. 91% der Geschäftsleitungsmitglieder und alle Befragten des Vertriebs-/Verkaufsmanagements sprechen wahrnehmbare Probleme zumindest öfters an. Abwartend und mit Rückzug agiert ein geringer Anteil der Probandinnen/Probanden.

Die Auswirkungen einer proaktiven Konfliktbearbeitung wurden mit der Frage 13 einer Betrachtung unterzogen. Die Förderung von Toleranz hatte in der Betrachtung beider Funktionen die geringste Bewertung erhalten. Die Auswirkungen: „Positionen zu einem Thema werden transparent“, „Entwicklung anstatt Stagnation“ und „Kooperation wird verbessert“ zeigten die größten Differenzierungen im Vergleich der Funktion Geschäftsleitung/Vertriebs- bzw. Verkaufsleitung.

Der Aussage, dass die Nichtbeachtung von Spannungsfeldern zu Konflikten und möglicher Eskalation führt (Frage 14), wurde mit 71% völlig zugestimmt.

Frage: 12: Wenn Sie Spannungsfelder oder potenzielle Konflikte wahrnehmen?

Tabelle 12: Auswertung Frage 12

Variablen:		Funktion:	immer	öfters	selten	nie
Ziehe ich mich zurück	A	L	0,0%	15,7%	52,8%	31,5%
		V	3,6%	3,6%	50,0%	42,9%
		G	0,9%	12,8%	52,1%	34,2%
Warte ich ab	B	L	5,6%	43,8%	32,6%	18,0%
		V	0,0%	50,0%	46,4%	3,6%
		G	4,3%	45,3%	35,9%	14,5%
Suche ich Rat	C	L	12,4%	55,1%	27,0%	5,6%
		V	7,1%	50,0%	35,7%	7,1%
		G	11,1%	53,8%	29,1%	6,0%
Unterstütze ich	D	L	34,8%	53,9%	6,7%	4,5%
		V	53,6%	42,9%	3,6%	0,0%
		G	39,3%	51,3%	6,0%	3,4%
Suche ich Verbündete	E	L	12,4%	32,6%	39,3%	15,7%
		V	17,9%	28,6%	46,4%	7,1%
		G	13,7%	31,6%	41,0%	13,7%
Spreche ich das Problem direkt an	F	L	46,1%	44,9%	7,9%	1,1%
		V	46,4%	53,6%	0,0%	0,0%
		G	46,2%	47,0%	6,0%	0,9%

Legende: Funktion L… Geschäftsleitung; Funktion V… Vertriebs-/Verkaufsleitung; Funktion G… Gesamt (Summe der Funktionen)

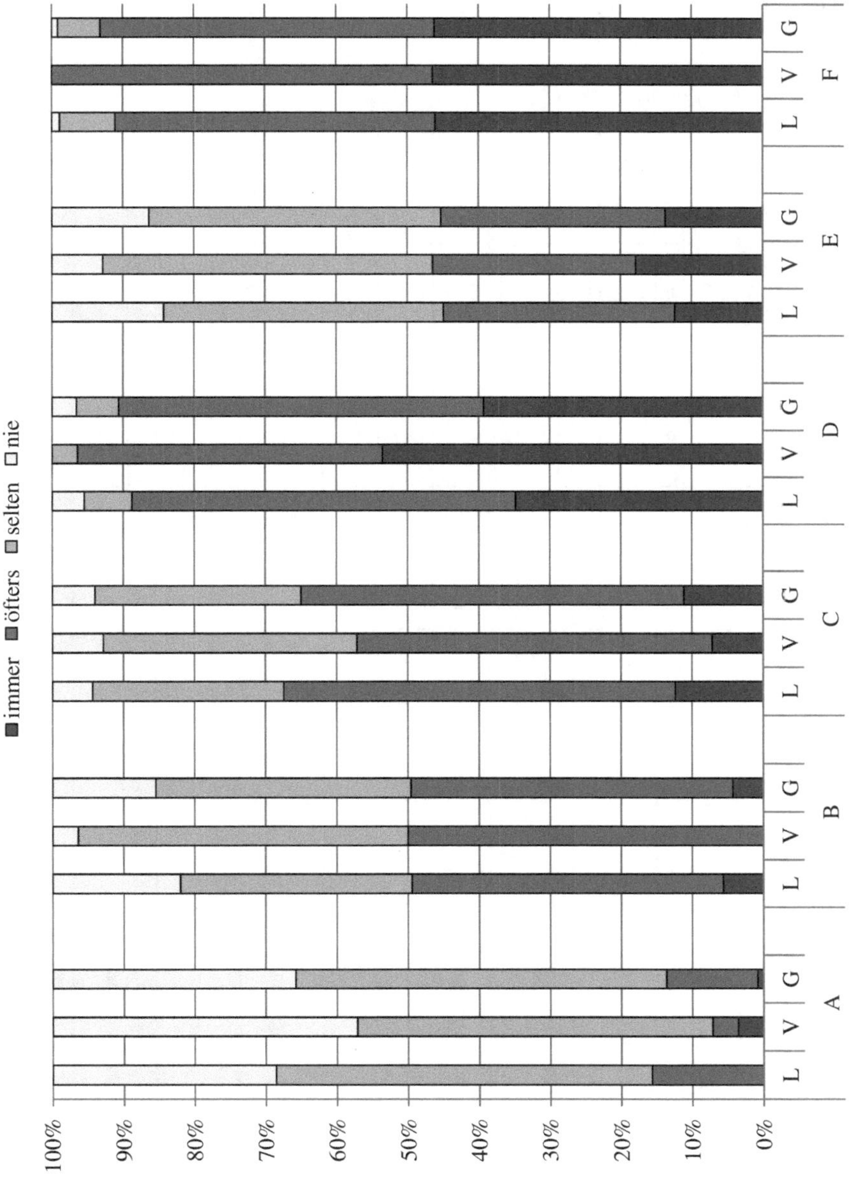

Abbildung 30: Auswertung Frage 12

Frage 13: Die aktive, vorausschauende Bearbeitung von Konflikten hat folgende Auswirkungen?

Tabelle 13: Auswertung Frage 13

Variablen:		**Funktion:**	**immer**	**öfters**	**selten**	**nie**
Probleme werden verdeutlicht	A	L	29,2%	67,4%	2,2%	1,1%
		V	39,3%	57,1%	3,6%	0,0%
		G	31,6%	65,0%	2,6%	0,9%
Positionen zu einem Thema werden transparent	B	L	22,5%	69,7%	6,7%	1,1%
		V	39,3%	57,1%	3,6%	0,0%
		G	26,5%	66,7%	6,0%	0,9%
Entwicklung anstatt Stagnation	C	L	36,0%	52,8%	10,1%	1,1%
		V	50,0%	46,4%	3,6%	0,0%
		G	39,3%	51,3%	8,5%	0,9%
Kommunikation wird gefördert	D	L	44,9%	46,1%	7,9%	1,1%
		V	46,4%	46,4%	7,1%	0,0%
		G	45,3%	46,2%	7,7%	0,9%
Lösungen werden ermöglicht	E	L	39,3%	55,1%	4,5%	1,1%
		V	28,6%	64,3%	7,1%	0,0%
		G	36,8%	57,3%	5,1%	0,9%
Toleranz wird gefördert	F	L	20,2%	51,7%	27,0%	1,1%
		V	21,4%	57,1%	21,4%	0,0%
		G	20,5%	53,0%	25,6%	0,9%
Verständnis wird erzeugt	G	L	27,0%	59,6%	12,4%	1,1%
		V	21,4%	71,4%	7,1%	0,0%
		G	25,6%	62,4%	11,1%	0,9%
Kooperation wird verbessert	H	L	30,3%	60,7%	7,9%	1,1%
		V	46,4%	46,4%	7,1%	0,0%
		G	34,2%	57,3%	7,7%	0,9%

Legende: Funktion L… Geschäftsleitung; Funktion V… Vertriebs-/Verkaufsleitung; Funktion G… Gesamt (Summe der Funktionen)

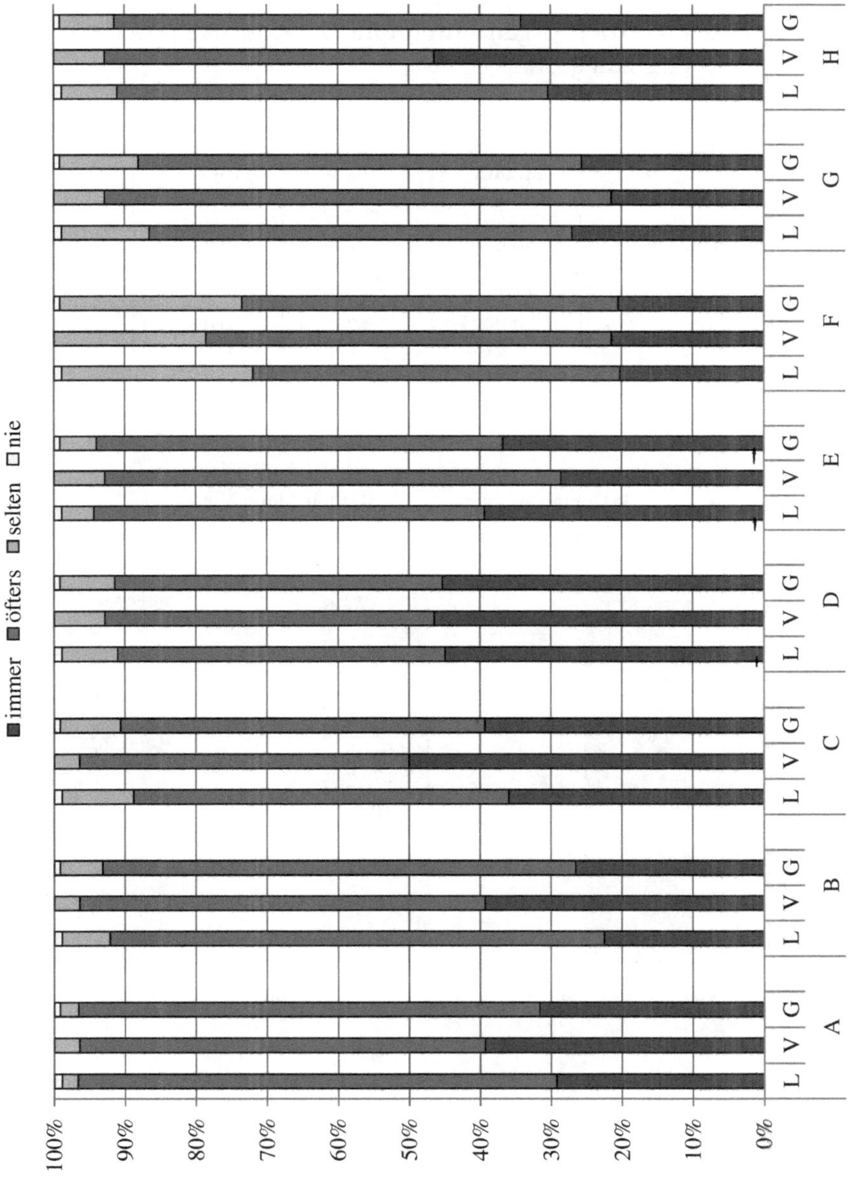

Abbildung 31: Auswertung Frage 13

Frage 14: Die Nichtbeachtung von Spannungsfeldern im Vertrieb/in der Vertriebsorganisation führt zu Konflikten und möglicher Eskalation.

Tabelle 14: Auswertung Frage 14

Funktion:	**stimme völlig zu**	**stimme teilweise zu**	**stimme eher nicht zu**	**stimme gar nicht zu**
Geschäftsleitung	70,8%	28,1%	0,0%	1,1%
Vertriebs-/ Verkaufsleitung	71,4%	28,6%	0,0%	0,0%
Gesamt	70,9%	28,2%	0,0%	0,9%

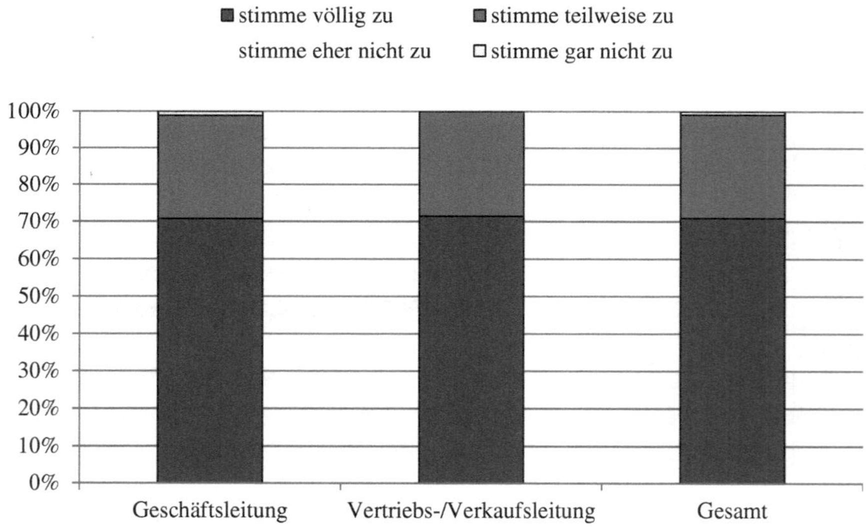

Abbildung 32: Auswertung Frage 14

8.6.4 Entwicklung

Die abschließenden Fragen 15 bis 18 beschäftigen sich mit Entwicklungen, wenn Bewusstseinsbildung für Spannungsfelder und proaktive Konfliktbearbeitung erfolgen. Den Fragestellungen wurden skalierte Beantwortungsoptionen vorgegeben.

Der förderlichen Entwicklung von Mitarbeiterzufriedenheit bzw. Mitarbeitermotivation (Frage 15) wurde mit 58% völlig und mit 40% teilweise zugestimmt. Der Steigerung von Qualitätsbewusstsein im Vertrieb und in der Vertriebsorganisation (Frage 16) wurde von 99% der Befragten völlig bzw. teilweise bestätigt. Der Verbesserung der emotionalen Kundenbindung (Frage 17) wurde, im Vergleich der Fragen 15 bis 18, die geringste Zustimmung gegeben, gefolgt von Kundenzufriedenheit. Positive Entwicklungen innerhalb der Vertriebsorganisation (Mitarbeiterzufriedenheit, Mitarbeitermotivation) wurden als wahrscheinlicher eingestuft als förderliche Entwicklungen im Vertrieb (Kundenbindung und Kundenzufriedenheit).

Frage 15: Aktive Auseinandersetzung mit Spannungsfeldern und Konflikten in der Vertriebsorganisation fördert die Mitarbeiterzufriedenheit und Mitarbeitermotivation.

Tabelle 15: Auswertung Frage 15

Funktion:	**stimme völlig zu**	**stimme teilweise zu**	**stimme eher nicht zu**	**stimme gar nicht zu**
Geschäftsleitung	57,3%	41,6%	0,0%	1,1%
Vertriebs-/ Verkaufsleitung	60,7%	35,7%	3,6%	0,0%
Gesamt	58,1%	40,2%	0,9%	0,9%

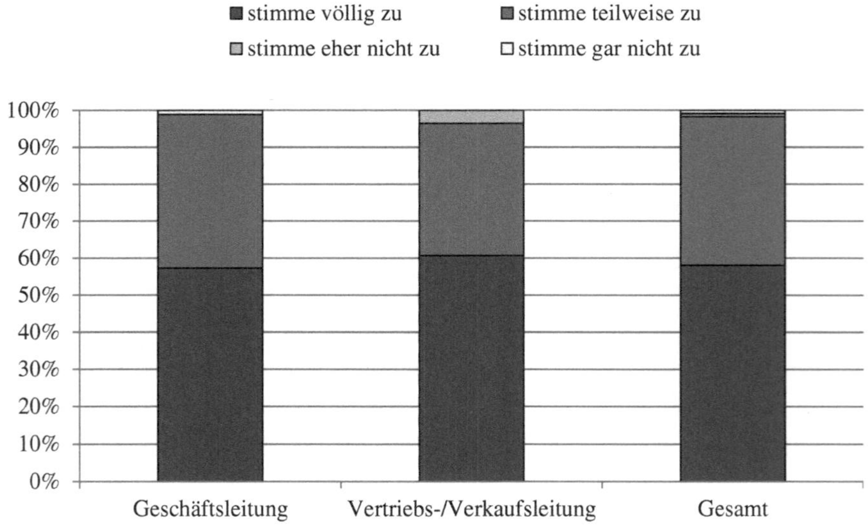

Abbildung 33: Auswertung Frage 15

Frage 16: Aktive Konfliktbearbeitung und bewusster Umgang mit Spannungsfeldern/potenziellen Konflikten verdeutlicht Probleme und steigert das Qualitätsbewusstsein im Vertrieb/in der Vertriebsorganisation.

Tabelle 16: Auswertung Frage 16

Funktion:	**stimme völlig zu**	**stimme teilweise zu**	**stimme eher nicht zu**	**stimme gar nicht zu**
Geschäftsleitung	55,1%	43,8%	0,0%	1,1%
Vertriebs-/ Verkaufsleitung	67,9%	32,1%	0,0%	0,0%
Gesamt	58,1%	41,0%	0,0%	0,9%

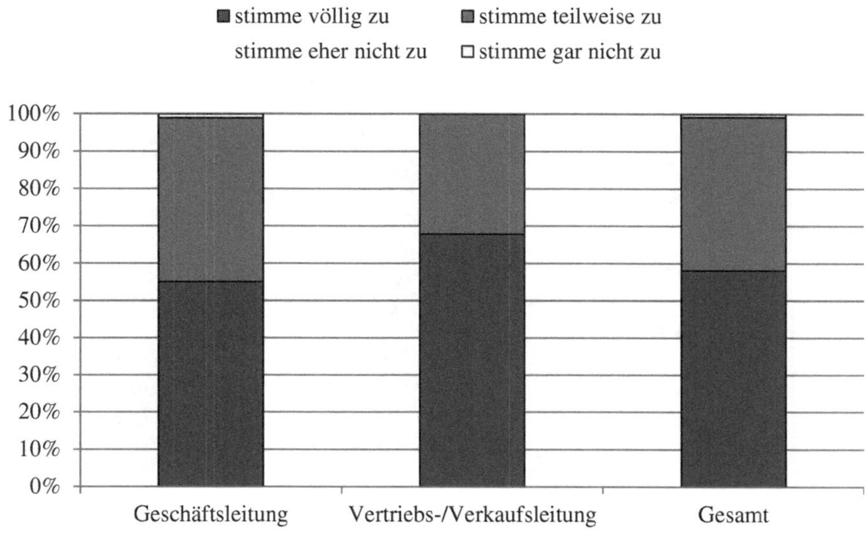

Abbildung 34: Auswertung Frage 16

Frage 17: Aktive Konfliktbearbeitung und bewusster Umgang mit Spannungsfeldern/potenziellen Konflikten im Vertrieb steigert die emotionale Kundenbindung.

Tabelle 17: Auswertung Frage 17

Funktion:	**stimme völlig zu**	**stimme teilweise zu**	**Stimme eher nicht zu**	**stimme gar nicht zu**
Geschäftsleitung	37,1%	48,3%	13,5%	1,1%
Vertriebs-/ Verkaufsleitung	39,3%	57,1%	3,6%	0,0%
Gesamt	37,6%	50,4%	11,1%	0,9%

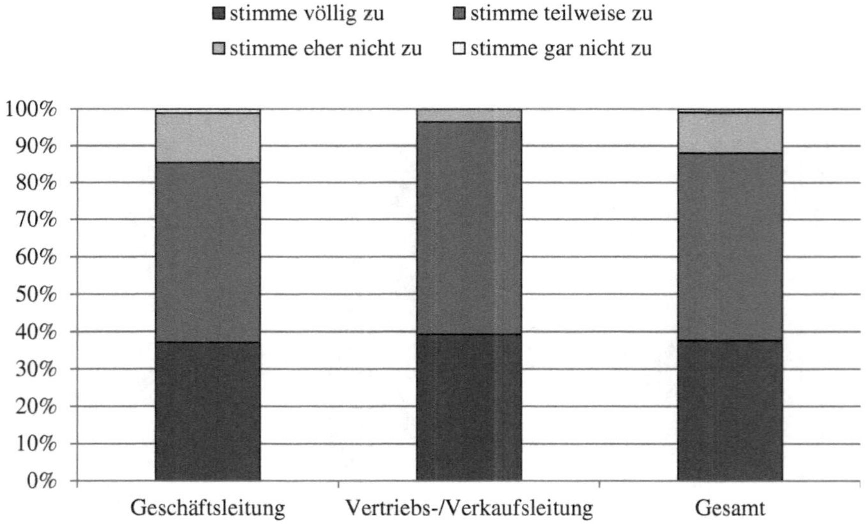

Abbildung 35: Auswertung Frage 17

Frage 18: Aktive Konfliktbearbeitung und bewusster Umgang mit Spannungsfeldern/potenziellen Konflikten im Vertrieb führt zu kundenorientierten Regelungen und steigert die Kundenzufriedenheit.

Tabelle 18: Auswertung Frage 18

Funktion:	**stimme völlig zu**	**stimme teilweise zu**	**stimme eher nicht zu**	**stimme gar nicht zu**
Geschäftsleitung	43,8%	47,2%	7,9%	1,1%
Vertriebs-/ Verkaufsleitung	46,4%	53,6%	0,0%	0,0%
Gesamt	44,4%	48,7%	6,0%	0,9%

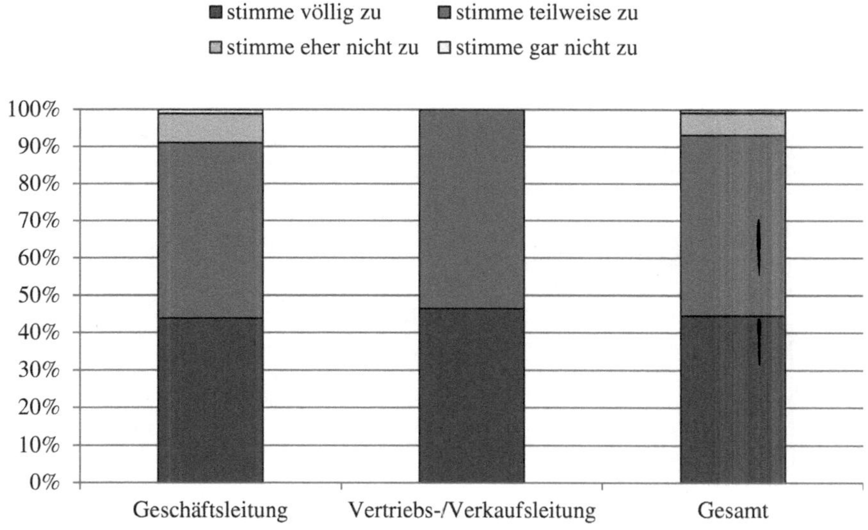

Abbildung 36: Auswertung Frage 18

9 Schlussfolgerungen

Der Ausgangspunkt für diese Arbeit war die Befassung mit Konflikten im Vertrieb. Konflikte treten sowohl innerhalb der Vertriebsorganisation als auch im Kontakt mit Kundeninnen/Kunden in Erscheinung. Das Aufeinandertreffen von interagierenden Personen mit unterschiedlichen Vorgehensweisen und individuellen Zielvorstellungen ist ein Bestandteil der Vertriebstätigkeit.

In Vertriebsorganisationen und zwischen Marktteilnehmerinnen/Marktteilnehmern entstehen Konflikte durch zwischenmenschliche Kommunikation. Die Konfliktklärung bedarf Zeit und erfolgt wiederum durch Kommunikation der Beteiligten.

Am Beginn von Konfliktverläufen stehen Spannungsfelder als Konflikt verursachende Zustände. Die Wahrnehmung dieser Spannungsfelder ermöglicht eine proaktive Bearbeitung oder zumindest die bewusste Beobachtung deren Entwicklung. Sowohl innerhalb der Vertriebsstruktur als auch im Kontakt mit Kundinnen/Kunden ist Empathie erforderlich. Empathie zählt zu den sozialen Kompetenzen und ist ein Teil der Emotionalen Intelligenz. Die Themen „Intra- und interpersonale Kompetenz“ sowie „Bewusstseinsbildung Spannungsfelder“ wurden in dieser Arbeit einer Betrachtung unterzogen.

Bei der Frage 9 (Wie sehr unterstützen folgende Kompetenzen Spannungsfelder und potenzielle Konflikte zu erkennen?) wurden die Variablen von den Domänen der sozialen Kompetenz abgeleitet. Die Befragten haben den Einfluss der zu bewertenden Kompetenzen mit 72% bis 91% als „sehr stark“ oder „stark“ bewertet. Die Wichtigkeit von Bewusstseinsbildung und emotionaler Intelligenz in der Konfliktbearbeitung wurde durch die vorliegende Umfrage bestätigt.

Der Wahrnehmung von Spannungsfeldern bzw. Konflikten folgt die Intervention im Konfliktverlauf. Diese erfolgt eigenständig durch eine der am Konflikt beteiligten Personen, durch Dritte im Unternehmen oder mittels Verfahren (Mediation, Schlichtung, Schiedsgericht, Gericht). Die innerbetriebliche Konfliktaufarbeitung, eigenständig oder mittels Dritter, bedingt persönliche und soziale Kompetenzen. Die Personen im Unternehmen, die Funktionen einnehmen (Personalabteilung, Arbeitnehmervertretung, Stabstelle Konfliktmittlung), welche sie potenziell oder tatsächlich als interne Konfliktmittlerinnen/Konfliktmittler prädestiniert, werden in der Arbeit benannt und ihre Eignung wird (kritisch) erläutert.

Mit der Frage 12 wurde nach möglichen Reaktionen auf Spannungsfelder oder potenzielle Konflikte gefragt. 15% der Probandinnen/Probanden antworteten, dass sie sich immer bzw. öfters zurückziehen. Mit der Bewertung „immer“ bzw. „öfters“ gab mehr als die Hälfte der Befragten an, abzuwarten. Mehr als

90% der Probandinnen/Probanden gaben an, eine proaktiv voraussehende Handlungsweise zu unterstützen bzw. Probleme direkt anzusprechen.

Es wird die Schlussfolgerung gezogen, dass die überwiegende Mehrheit der Verantwortungsträgerinnen/Verantwortungsträger im Vertrieb und Management eine proaktive Verhaltensweise in der Befassung mit Konflikten einnimmt.

Im Abschnitt Prävention sind die grundsätzlichen Anforderungen an konstruktive Konfliktlösungen thematisiert. Ein Element dieser grundsätzlichen Anforderungen ist die Miteinbeziehung einer dritten Partei. Diese Handlungsweise wurde mit der Beantwortungsoption „suche ich Rat“ (Frage 12) von 13% der Teilnehmerinnen/Teilnehmer mit „immer“ und von 52% mit „öfters“ beantwortet. Dies zeigt die Offenheit Unterstützung anzunehmen und die Kompetenz der Selbsteinschätzung.

Dritte können die Rolle der Ratgeberin/des Ratgebers einnehmen oder aktiv als Unterstützerin/Unterstützer fungieren. Die Konfliktmittlerin/der Konfliktmittler als Profession im Personalmanagement, in der Arbeitnehmervertretung oder als Stabsstelle unterstützt aktiv die Aufarbeitung von Konflikten und Konfliktverläufen. Die drei Rollenbilder sind mit den elf Elementen der unternehmensinternen Konfliktmittlung beschrieben und differenziert. Die Stabstelle agiert uneingeschränkt allparteilich, ermöglicht Offenheit der Konfliktbeteiligten und erfüllt die Anforderungen an unternehmensinterne Konfliktmittlerinnen/Konfliktmittler auf Basis der mediativen Grundsätze.

Die Konfliktbearbeitungsverfahren (Mediation, Schlichtung, Schiedsgericht, Gericht) wurden anhand der elf Elemente der Konfliktbearbeitungsverfahren einem Vergleich unterzogen. In Hinsicht auf die der Verfahrensgrundsätze Offenheit durch Vertraulichkeit, Transparenz, Chancengleichheit und Eigenverantwortlichkeit der Konfliktbeteiligten ist die Mediation das entsprechende Verfahren.

Die Eigenverantwortlichkeit der Medianten (Konfliktbeteiligten) ermöglicht für alle Stakeholder im Konfliktverlauf konsensorientierte Lösungsfindungen. Das Mediationsverfahren befasst sich abseits der Standpunkte mit den Vorstellungen, Wünschen und Bedürfnissen der Beteiligten. Mit der Frage 8 wurden mögliche Folgen bei Nichtbeachtung von Vorstellungen, Wünschen und Bedürfnissen der Beteiligten erhoben. Mit den Bewertungen „immer“ und „öfters“ bestätigen 50% und 64% der Probandinnen/Probanden Folgen wie Verschlossenheit, Resignation, Gleichgültigkeit, mangelnde Flexibilität und fehlendes Engagement und Interesse.

Diese Verhaltensweisen beeinflussen die berufliche Tätigkeit und wirken mindernd auf die Produktivität und die Motivation der Belegschaft. Die Berücksichtigung von Vorstellungen, Wünschen und Bedürfnissen muss, sowohl bei der unternehmensinternen Konfliktbefassung als auch in der Wahl des Konfliktbearbeitungsverfahrens Berücksichtigung finden.

Die Wahrnehmung von Spannungsfeldern und proaktive Interventionen bewirken eine Förderung der Kommunikation. Konflikte bedeuten nicht nur Probleme, sondern auch eine Chance zur Entwicklung. Die völlige Übereinstimmung in Meinungen, Standpunkten, Einstellungen und Zielvorstellungen bewirkt Stagnation. Ein konstruktiver Dialog ist erforderlich, um den variierenden Anforderungen im Marktumfeld begegnen zu können.

Die Auswirkungen einer vorausschauenden Bearbeitung von Konflikten wurden mit der Frage 13 thematisiert. Eine Mehrheit von 88% bzw. 96% der Befragten haben die angeführten Auswirkungen mit „immer" bzw. „öfters" deklariert. Die Förderung von Toleranz wurde mit 76% Zustimmung bewertet. Die Auswirkung „Probleme werden verdeutlicht" fördert Entwicklung. „Entwicklung anstatt Stagnation" ist die Basis für Innovation und die Anpassung im Vertrieb an sich entwickelnde Marktgegebenheiten. Die Förderung von Kommunikation und Toleranz, die Erzeugung von Verständnis sowie die Ermöglichung von Lösungen und Verbesserungen in der Kommunikation sind Aspekte, welche im Mediationsverfahren Berücksichtigung finden und in den mediativen Grundsätzen integriert sind.

Die Beachtung der mediativen Grundsätze im Konfliktbearbeitungsverfahren Mediation und in der unternehmensinternen Konfliktbefassung bewirkt die Förderung der Kommunikation und respektvolle, wertschätzende Beziehungskonstellationen innerhalb der Vertriebsorganisation und im Kundenkontakt.

Bezug nehmend auf die Hypothese ist nachhaltige Entwicklung als dauerhafte, erhaltend wirkende, soziale und wirtschaftliche Entwicklung zu sehen, welche mit der Konfliktbearbeitung nach mediativen Grundsätzen zukünftige Konfliktfähigkeit fördert.

Die dauerhafte, erhaltend wirkende, soziale Entwicklung in Unternehmen wird mittels Kriterien der Mitarbeiterzufriedenheit und Mitarbeitermotivation beurteilt. Die Beachtung und die Verbesserung dieser beiden Kriterien bewirken eine nachhaltige Entwicklung in der Vertriebsorganisation. Die Aussage „aktive Auseinandersetzung mit Spannungsfeldern und Konflikten in der Vertriebsorganisation fördert die Mitarbeiterzufriedenheit und Mitarbeitermotivation" wurde mit den Umfrageergebnissen der Frage 15 untermauert. 61% stimmen dem völlig und 37% teilweise zu. Ein Anteil von 98% aller Probandinnen/Probanden vertritt die Meinung, dass die aktive Befassung mit Spannungsfeldern und Konflikten eine nachhaltige soziale Entwicklung in Unternehmen bewirkt.

Dauerhafte, erhaltend wirkende, wirtschaftliche Entwicklung im Vertrieb baut auf langfristige Optimierung von Ergebnissen, Aufrechterhaltung von Kundenbeziehungen und respektvolle, wertschätzende Kommunikation.

Die Gewinnung von Neukunden kann im Vergleich zur Kundenbindung bis zu fünffache Kosten verursachen. Es ist ein zentrales Thema im Vertrieb, langfristige Kundenbeziehungen zu sichern. Die Interaktion mit Kundinnen/Kunden erfolgt mittels Kommunikation und Information. Die Information und deren Aufbereitung ist Aufgabengebiet der Vertriebsorganisation. Die Kommunikation obliegt den an der Kundenfront tätigen Mitarbeiterinnen/Mitarbeiter. Persönliche Kundenbeziehungen sind geprägt vom Individualismus der Persönlichkeiten, von den Zielvorstellungen und Handlungsweisen. Konstellationen dieser Art ergeben in gruppendynamischen Prozessen Differenzierungen in Meinungen, Ansichten und Standpunkten. Spannungsfelder/potenzielle Konfliktherde sind Bestandteil der zwischenmenschlichen Interaktion.

Der bewusste Umgang mit Spannungsfeldern/potenziellen Konflikten führt langfristig zu Kundenzufriedenheit und als Folge zu Kundenbindung. 89% (Frage 17) bzw. 93% (Frage 18) der Stichprobengruppe bestätigen dies völlig bzw. zum Teil. Nachhaltige Entwicklung im Vertrieb ist in Zusammenhang mit Kundenzufriedenheit und Kundenbindung zu sehen.

Die Initiative „Econsense“ (Vereinigung von 33 führenden, national und global agierenden Unternehmen und Organisationen der deutschen Wirtschaft) definiert nachhaltige Entwicklung als Verständigungs-, Such- und Lernprozess.

Ein Lernprozess für eine Organisation erfolgt, wenn Wissen und Erfahrung von Mitarbeiterinnen/Mitarbeitern geteilt, kommuniziert und in die Vertriebsorganisation eingebracht werden. Der Mitarbeiterstab mit Kundenkontakten neigt zu individueller Wissensbildung und persönlicher Wissensbindung. Es ist Aufgabe des Vertriebsmanagements Lernprozesse zu ermöglichen, die zur Folge haben, dass individuelles Wissen über Konfliktbearbeitung der Organisation zur Verfügung gestellt und folglich die Resilienz des Vertriebs gegenüber Konfliktsituationen gesteigert wird. In Abschnitt sieben werden die lernenden Organisationen und deren fünf Disziplinen einer Betrachtung unterzogen.

Die Hypothese der Arbeit lautet: ***Bewusstseinsbildung für Spannungsfelder und proaktive Bearbeitung von Konflikten nach mediativen Grundsätzen führt zu nachhaltiger Entwicklung im Vertrieb.***

Die einzelnen Aspekte dieser Hypothese wurden mit dieser Arbeit thematisiert, deren Auswirkungen aufgezeigt und Bearbeitungsschritte, Methoden und Verfahren beschrieben. Die einzelnen Themenbereiche wurden unterlegt mit spezifischer Literatur und die Hypothese, in ihrer Aussage, durch die wissenschaftliche Untersuchung verifiziert.

Die bearbeiteten Themenbereiche Intra- und interpersonale Kompetenz, Bewusstseinsbildung Spannungsfelder, Intervention im Konfliktverlauf, Prävention sowie Lernende Organisation sind Funktionen, welche im geschlossenen Wirkungslauf kollektive Entwicklung gewährleisten.

Abschließend sei betont, dass Schätzungen zufolge bis zu 30% der Arbeitsressourcen von Mitarbeiterinnen/Mitarbeitern und Management für die Bearbeitung von Konflikten aufgewendet werden. Dies hat einen wesentlichen Einfluss auf die Produktivität eines Unternehmens, weshalb die aktive Befassung mit Spannungsfeldern, Konfliktverläufen und Konfliktsituationen im Vertrieb und in der Vertriebsorganisation erforderlich ist.

Abbildungsverzeichnis

Tabellenverzeichnis

Literaturverzeichnis

Atteslander, P.: Methoden der empirischen Sozialforschung, 13. neu bearbeitete und erweiterte Auflage; Berlin: 2010

Au, C.v.: Führen mit Mediationskompetenz? Eine Analyse des erforderlichen und adäquaten Einsatzes von Mediationskompetenz im betrieblichen Führungsalltag; Hamburg: 2005

Besemer, C.: Mediation, Vermittlung in Konflikten, 9. Auflage; Baden: 2002

Braun, R.: NLP – Eine Einführung, 3. aktualisierte Auflage; Heidelberg: 2007

Breidenbach, S.: Mediation, Struktur, Chancen und Risiken von Vermittlung im Konflikt; Köln: 1995

Duden: Deutsches Universalwörterbuch, 7. Auflage; Mannheim: 2011, CD-ROM

Eckert, H.v.: Grundwissen Vertrieb, Strategie/Aufbau und Organisation/Methoden und Praxis; Berlin: 2009

Falk, G./Heintel, P./Krainz, E.E.: Handbuch Mediation und Konfliktmanagement; Wiesbaden: 2005

Fisher, R./Ury, W./Patton, B.: Das Harvard-Konzept, Der Klassiker der Verhandlungstechnik, 22. durchgesehene Auflage; Frankfurt/New York: 2004

Geffroy, E.K.: Das einzige, was immer noch stört, ist der Kunde, Kundenerfolge statt Verkaufserfolge; Landsberg/Lech: 1999

Gerrig, R.J./Zimbardo, P.G.: Psychologie, 18. aktualisierte Auflage; München: 2008

Glasl, F.: Konfliktmanagement, 8. aktualisierte und ergänzte Auflage; Stuttgart: 2004

Hauff, M.v./Kleine, A.: Nachhaltige Entwicklung, Grundlagen und Umsetzung; München: 2009

Hillmann, K.-H.: Wörterbuch der Soziologie, 5. vollständig überarbeitete und erweiterte Auflage; Stuttgart: 2007

Homburg, C./Schäfer, H./Schneider, J.: Sales Excellence, Vertriebsmanagement mit System, 5. überarbeitete und erweiterte Auflage; Wiesbaden: 2008

Kauffeld, S.: Arbeits-, Organisations- und Personalpsychologie; Heidelberg: 2011

Kluge, F.: Etymologisches Wörterbuch der deutschen Sprache, bearbeitet von Elmar Seebold, 24. durchgelesene und erweiterte Auflage; Berlin/New York: 2002, CD-ROM

Kotler, P./Bliemel, F.: Marketing-Management, 7. vollständig neu bearbeitete und für den deutschen Sprachraum erweiterte Auflage unter Einbeziehung der Übersetzung zur 6.Auflage durch Manfred Brandl; Stuttgart: 1992

Montada, L./Kals, E.: Mediation, Ein Lehrbuch auf psychologischer Grundlage, 2. vollständig überarbeitete Auflage; Weinheim: 2007

Rosenberg, M.B.: Gewaltfreie Kommunikation, Eine Sprache des Lebens, 7.Auflage; Paderborn: 2007

Senge, P.M.: Die fünfte Disziplin, Kunst und Praxis der lernenden Organisation, 11. völlig überarbeitete und aktualisierte Auflage; Stuttgart: 2011

Simon, W.: Der große Methodenkoffer, Managementtechniken, 2. Auflage; Offenbach: 2008

Stalzer, U.: Wege zur Kooperation, Wirtschaftsmediation bei Wirtschaftstreuhändern in 21 Fallbeispielen; Wien: 2010

Stopp, U.: Praktische Betriebspsychologie, Probleme und Lösungen, 14. Auflage; Renningen: 2008

Thomann, C./Schulz von Thun, F.: Klärungshilfe 1, Handbuch für Therapeuten, Gesprächshelfer und Moderatoren in schwierigen Gesprächen, 5. Auflage; Reinbek bei Hamburg: 2009

Thomann, C.: Klärungshilfe 2, Konflikte im Beruf: Methoden und Modelle klärender Gespräche, hrsg. von Schulz von Thun, F., 3. Auflage; Reinbek bei Hamburg: 2008

Vester, F.: Die Kunst vernetzt zu denken, Ideen und Werkzeuge für einen neuen Umgang mit Komplexität, Der neue Bericht an den Club of Rome, 7. Auflage; München: 2008

Walser, M.: Wirtschaftsmediation, Ein Handbuch für Manager, Führungskräfte und Berater; Wien: 2007

Willke, H.: Einführung in das systemische Wissensmanagement, dritte, überarbeitete und erweiterte Auflage; Heidelberg: 2011

Zuberbühler, C.: Gesellschaftliche Voraussetzungen der WirtschaftsMediation aus historischer Perspektive unter Berücksichtigung des Geschlechterverhältnisses von Mann und Frau; Linz: 2008

Zuberbühler, C.: Wirtschaftsmediation. Durch Konsens zum Erfolg; Zürich: 2006, Hörbuch

Sonstige Quellen

http://www.berufsstrategie.de/bewerbung-karriere-soft-skills/kommunikationsmodelle-eisberg-modell.php
(abgerufen am 02.01.2011)

http://www.friedenspaedagogik.de/themen/konstruktive_konfliktbearbeitung/konflikt_begriff_und_elemente/grundsaetzliche_anforderungen_an_konstruktive_konfliktloesungen
(abgerufen am 28.02.2012)

http://www.nachhaltigkeit.info/media/1326279587phpeJPyvC.pdf
(abgerufen am 11.06.2012)

http://www.nachhaltigkeit.info/artikel/brundtland_report_563.htm?sid=804aac87e77750032b51810d63034176
(abgerufen am 16.04.2012)

http://www.econsense.de/de/mitglieder/
(abgerufen am 04.06.2012)

http://www.nachhaltigkeit.info/artikel/forum_nachhaltige_entwicklung_627.htm
(abgerufen am 04.06.2012)

http://de.wikipedia.org/wiki/Einstellung_(Psychologie)
(abgerufen am 13.01.2012)

http://wirtschaftslexikon.gabler.de/Archiv/1883/wirtschaftsethik-v6.html
(abgerufen am 02.03.2012)

http://www.ris.bka.gv.at/GeltendeFassung.wxe?Abfrage=Bundesnormen&Gesetzesnummer=20002753
(abgerufen am 04.06.2012)

http://www.mediatorenliste.justiz.gv.at/mediatoren/mediatorenliste.nsf/docs/home
(abgerufen am 10.04.2012)

http://portal.wko.at/wk/format_detail.wk?AngID=1&StID=517316&DstID=686
(abgerufen am 03.03.2012)

http://www.viac.eu/images/stories/documents/Schiedsordnung_2006_1.pdf
(abgerufen am 04.03.2012)

https://www.usp.gv.at/Portal.Node/usp/public/content/laufender_betrieb/rechtsquellen/schiedsgerichte/64365.html
(abgerufen am 10.04.2012)

http://www.betriebsraete.at/servlet/ContentServer?pagename=ANV/Page/Index&n=ANV_22.b
(abgerufen am 04.03.2012)

http://firmen.wko.at/Web/SearchSimple.aspx
(abgerufen am 07.06.2012)

Abkürzungsverzeichnis

BGBl...	Bundesgesetzblatt
EI...	Emotionale Intelligenz
GFK...	Gewaltfreie Kommunikation
IQ...	Intelligenzquotient
NLP...	Neuro-Linguistisches Programmieren
ÖGP...	Österreichischer Gewerkschaftsbund
PONS...	Profile of Nonverbal Sensitivity
WKO...	Wirtschaftskammer Österreich
WWEDU...	WORLDWIDE EDUCATION
ZivMediatG...	Zivilrechts-Mediations-Gesetz

Kolibri 360 GmbH
Ferdinand-Jühlke-Straße 7
99095 Erfurt, Deutschland
produktsicherheit@kolibri360.de